U0557333

OWN

* 经济学通识读本 *

INTERNATIONAL TRADE

The Basics

解读国际贸易

得与失?

〔美〕方碧云（Jessie Poon）

〔美〕戴维·罗宾（David L.Rigby） 著

杨宇 李小云 译

SSAP 社会科学文献出版社

SOCIAL SCIENCES ACADEMIC PRESS (CHINA)

本译著获得国家自然科学基金（No. 42022007, 41871118, 41842056）
中国科学院青年创新促进会（No. 2018069）和中国科学院特别研究助理资助项目的资助。

目　录

第一章　引言………………………………………………………………………… 001

1.1　贸易的增长 ………………………………………………………………… 008

1.2　贸易的历史 ………………………………………………………………… 009

1.3　全球化和当代贸易模式 …………………………………………………… 014

1.4　本书主旨 …………………………………………………………………… 017

1.5　本书框架 …………………………………………………………………… 018

第二章　贸易理论…………………………………………………………………… 021

2.1　比较优势 …………………………………………………………………… 024

2.2　赫克歇尔-俄林（H-O）模型 ……………………………………………… 032

2.3　斯托尔珀-萨缪尔森定理…………………………………………………… 039

2.4　里昂惕夫悖论 ……………………………………………………………… 042

2.5　贸易比率 …………………………………………………………………… 043

2.6　新贸易理论：贸易模型中的规模经济与不完全竞争 …………………… 044

2.7　新新贸易理论：全球外包 ………………………………………………… 048

2.8　小结 ………………………………………………………………………… 053

第三章 跨国公司、贸易与全球经济 …… 057
3.1 跨国公司的起源和公司国际化的原因 …… 060
3.2 跨国公司的成长 …… 069
3.3 全球生产网络和商品价值链 …… 078
3.4 在全球生产网络中获取价值 …… 085
3.5 跨国公司和贸易 …… 086
3.6 小结 …… 090

第四章 贸易治理 …… 093
4.1 制度理论 …… 096
4.2 关贸总协定和世贸组织 …… 103
4.2.1 关贸总协定 …… 103
4.2.2 世贸组织 …… 107
4.3 贸易地理：一体化和区域贸易协定 …… 109
4.4 地理的宿命？区域主义与区域经济一体化 …… 111
4.4.1 欧洲联盟：超级区域？ …… 112
4.4.2 北美自由贸易协定 …… 119
4.4.3 东盟模式：东盟自由贸易协定和跨太平洋伙伴关系协议 …… 123
4.4.4 南方共同市场 …… 128
4.5 小结 …… 130

第五章 贸易和发展 …… 135
5.1 动态比较优势 …… 139
5.2 不等价交换 …… 141

5.3 进口替代和出口鼓励 …… 146

5.4 亚洲的雁行模式 …… 153

5.4.1 日本：衰老之雁？ …… 153

5.4.2 东亚：成熟的“雁行模式” …… 157

5.4.3 中国：“翱翔”抑或“蹒跚”之雁？ …… 162

5.5 小结 …… 172

第六章 贸易的影响 …… 175

6.1 特殊经济区 …… 178

6.2 对劳工的影响 …… 184

6.2.1 贸易及劳工标准 …… 185

6.2.2 贸易、就业和工资 …… 190

6.3 道德贸易 …… 193

6.3.1 互惠贸易 …… 193

6.3.2 生物安全 …… 196

6.4 环境与可持续性 …… 199

6.5 环境政策与贸易协定 …… 203

6.6 小结 …… 206

第七章 结论 …… 211

7.1 趋势和方向 …… 215

7.1.1 能源贸易：以太阳能为例 …… 215

7.1.2 服务贸易 …… 220

7.1.3 知识贸易 …… 222

7.1.4 发展中国家贸易（南南贸易） …… 228

7.2 总结 …… 231

术语汇编 …… 235

参考文献 …… 245

图目录

图1.1　世界贸易增长情况 …… 008
图1.2　2014年世界贸易格局 …… 016
图2.1　不同情景下的比较优势 …… 027
图2.2　两种要素投入的生产可能性边界 …… 033
图2.3　赫克歇尔-俄林模型中的贸易收益 …… 036
图2.4　贸易的引力模型 …… 052
图3.1　跨国公司和外商直接投资的增长情况 …… 072
图3.2　全球商品链 …… 079
图6.1　发达国家的去工业化情况 …… 188
图6.2　收入不平等与贸易竞争加剧的时序 …… 191
图6.3　环境库兹涅茨曲线 …… 201
图7.1　全球南北贸易 …… 229

表目录

表3.1　2012~2013年排名前20的非金融类跨国公司情况 …… 067
表3.2　外商直接投资流入和流出存量的比例 …… 076
表3.3　国际生产和管理网络的不同形式 …… 084
表3.4　出口的双重计算 …… 089
表4.1　欧盟形成时序 …… 113
表4.2　1990年和2013年欧盟、北美自由贸易协定、东盟自由贸易协定和南方共同市场的出口比例 …… 124
表5.1　2007~2013年部分非洲国家的主要出口产品价值占出口总额的比例 …… 142
表5.2　部分拉美、东亚和东南亚国家和地区制成品出口额所占比例 …… 149
表5.3　部分国家（地区）的出口依赖 …… 158
表5.4　中国与部分国家（地区）的进出口额 …… 165
表6.1　1990年和2014年十大服装和电子产品出口国及出口额 …… 181
表7.1　1990年和2013年全球十大太阳能贸易国/地区 …… 217

专栏目录

专栏2.1 贸易的引力或空间互相作用模型 …… 050

专栏3.1 新加坡经济的所有权与控制权 …… 068

专栏3.2 双重计算和增值贸易措施 …… 087

专栏4.1 贸易壁垒 …… 101

专栏4.2 欧美牛肉激素纠纷 …… 106

专栏4.3 欧盟的主要机构 …… 117

专栏5.1 进口替代工业化模式与马来西亚的汽车制造业 …… 151

专栏5.2 钢铁行业的管理贸易 …… 169

专栏6.1 国际劳工组织 …… 189

专栏6.2 排污权交易 …… 202

专栏6.3 贸易与北极 …… 205

专栏7.1 与贸易有关的知识产权协议（TRIPS） …… 226

第一章　引言

每隔四年左右，美国人就要重新审视国际贸易观。这通常是由总统选举周期以及参选人员是赞成还是反对贸易活动引起的。这种更新贸易观的频率可以被认为是美国政客理解贸易理论的无能指数（可能是基于他们的各种政治主张），或者贸易对美国选民的重要程度（也可能是因为全球经济变得越来越复杂），抑或两种情况兼而有之。罗斯·佩罗（Ross Perot）在 1992 年总统大选中以独立身份参选的论点以及他声称的“巨大吮吸声”言犹在耳，他认为美国在边境南部的就业机会将伴随北美自由贸易协定的通过而移向墨西哥。在最新一期的电视竞选中，唐纳德·特朗普（Donald Trump）提醒我们，美国在贸易方面是个失败者，而让美国“再次伟大”的唯一途径是让他重新谈判与外国伙伴的贸易协议。与此同时，希拉里·克林顿（Hillary Clinton）和伯尼·桑德斯（Bernie Sanders）就美国应该接受哪些贸易协定展开争辩。对他们来说，问题不在于美国是否在贸易中遭受损失，而在于对外贸易有没有对美国工人产生均衡的影响。大西洋彼岸的英国，在与欧洲大陆邻国进行数十年的贸易扩张后，投票决定退出欧盟，也开始质疑贸易的好处。所谓的“英国脱欧”已经引发巨大的政治和经济不确定性，这或许将是“跨国乐观时代的终结”（《纽约时报》2016 年 6 月 24 日）。

什么是贸易？为什么开展贸易活动？为什么有些国家 / 组织 / 团体可以在贸易活动中受益，而有些却遭受损失？这些都是本书探讨的重点问题。当一个国家的企业、消费者乃至政府购买全部或者部分在其他国家生产的商品或服务时，就会发生贸易。在美国生产并在其他国外市场销售的物品被计为美国出口；在美国境外生产但是在境内购买和消费的商品和服务则计为美国进口。鉴于多种因素，世界上某一个地区的公司和消费者，不得不购买其他国家和地区的商品和服务。其中最主要的原因可能是，有些商品不可能在所有地方都被生产（即一个地区不可能生产出所有的商品）。有些水果或者蔬菜只有在具有特定气候条件的地方才能正常生长；有些商品的生产需要特殊的技能，而这些技能可能只被掌握在少数的国家和地区手中。比如，先进的生物科技产品只有在同时拥有专业技术设备和专业技能人员的公司才能被生产出来。然而，这些公司生产的医药产品可以拯救全世界多个地方的生命。另外一个例子是，一个国家的消费者可能更喜欢另一个国家制造的汽车品牌，贸易使消费者的多样化偏好得到满足。还有一个重要原因：有些国家在生产某类商品时比其他国家更加高效。所以，通过利用不同国家不同商品之间的相对效率差异，贸易伙伴们都将可能从相互的贸易活动中受益。

如果贸易对贸易伙伴是有利的，那么为什么还会有这么多人对贸易所带来的影响感到愤懑呢？这个问题有多种答案。第一，尽管自由贸易带来了经济收益，但如何分配这些收益也是极其重要的。通过改变国际商品的价格，一些国家可能比其他国家从中获取更多收益。第二，贸易活动既有收益也有成本。比如，当像法国这样的高薪经济体选择进口世界上其他地区由低薪工人生产的商品时，法国的低薪工人可能就将面临进一步降薪以及潜在的失业危机。与此同时，法国的高薪工人可能会受益于国际市场一体化而进一步加薪。所以，对整个法国来说，贸易可能意味着获取更多低价的商品，但是对于那些因进口增加而失去工作机会的人来说，这并不是什么好事。第三，通过推动经济增长，贸易通常与环境污染和气候变化联系在一起，许多反对贸易的人关注的是市场体系内产生的负面效应。第四，还有一些人反对贸易，是因为他们可能不了解连接不同国家的生产网络的复杂程度。因此，当像美国这样的国家出现贸易逆差（贸易赤字），即进口价值高于出口价值时，有些人就会开始抱怨全球贸易的不公平或者抱怨损害当地（美国）劳工利益的单边贸易协议，通常的抵制方式是“买当地（美国）货”。然而，他们当中许多人没有意识到的是，在当今的全球经济时代，如此之多的“美国”公司已经将生产业务通过在国外设立生产工厂的形式转移到了国外。因此，推动美国贸易逆差的许多进口商品，其实是美国的公司在其他国家生产的商品。尚不清楚的是，若将此类生产转移回美国，是否会给美国经济带来净收益。下面，让我们简要讨论一下苹果公司以及 iPhone 的生产案例。

苹果公司旗下的 iPhone 是由遍布世界多个国家的工人合力生产的产品。iPhone 的设计和 iOS 软件系统的开发是在加利福尼亚州库比蒂诺（Cupertino）的苹果公司总部完成的，其核心组件分别来自美国、欧洲和东亚的一些公司，而所有这些组件都是在中国台湾的电子企业——鸿海精密工业股份有限公司（Hon Hai Precision Industry）的中国工厂内组装完成的，鸿海精密工业股份有限公司的商标名——富士康（Foxconn）可能更广为人知。据估计，苹果公司在全球范围内雇用了大约 110000 名员工，占零售业总人数的 40% 左右，其在美国境外的员工数量大约占 50%。杜希格和布拉德什（Duhigg and Bradsher，2011）在《纽约时报》上提出，全球大约有 70 万人通过承包和分包关系，在与苹果相关的公司中参与开发和组装苹果产品。事实上，富士康仅在中国大陆的工厂就雇用了 100 多万名工人。尽管富士康员工直接在 iPhone 产品生产线上工作的人数不得而知，但据估计，这一数字也远远超过了 300000 人。

iPhone 是我们所想象的“全球商品”的一个典型案例，这类产品的设计、制造和部件组装等环节分散在全球不同地方，然后再被销往世界各地。为什么苹果公司会采取这种全球性的运营组织方式，而不是只在美国生产呢？答案是，对苹果公司来说，利用国家间在技能和投入（尤其是劳动力）价格上的差异，即便是把所有的运输成本考虑在内，也要比集中在一个国家生产产品划算得多。大部分和 iPhone 生产相关的工作，集中在将组件组装为成品的末端环节。这些工作相对来说属于低技能操作，因此苹果公司将此类生产布局在像中国这样的新兴经济体是有道理的，因为这些地方的低技能劳动力非常多，工资也相对较低。但这并不是苹果公司将组装工作选择在中国的全部原因，众所周知，很少有国家能够和中国制造业的灵活性相媲美。中国有大量的劳动力分布在各种不同的制造企业当中，可以为处于世界产品供应链（企业网络）不同节点的企业提供便利。

像苹果这样的公司的生产活动如何影响贸易？许多 iPhone 一经组装完成，就会从中国运往美国和世界上其他国家，而这些货物是被纳入中国的出口额以及目的地国家的进口额当中的。2009 年，中国对美国的 iPhone 出口额估值为 19 亿美元（Xing and Detert，2010），明显地提升了美国对中国的贸易逆差额度。因此，从像苹果这样的美国公司购买智能手机对于缩小美国的贸易逆差并没有帮助，相反地，还可能会在国外创造出比美国国内更多的就业机会。即便如此，大多数贸易经济学家仍会坚持认为，这种全球性的生产组织对美国经济是一个净利好因素，而富士康为中国创造的工作岗位则没有实现中国的最佳利益。美国的低薪工人可能会对这种观点提出异议，环保人士也可能会辩称交易会产生额外的成本。尽管苹果公司的产品进口的净效益仍在争论当中，但基本明确的是，在像苹果这样的公司的全球活动推动下，贸易额在过去几十年里几乎呈现指数级增长。

1.1 贸易的增长

图 1.1 描绘了 1870 年以来世界经济贸易额［（进口额 + 出口额）/2］占国内生产总值（GDP）的比重。GDP 衡量一年内生产商品和服务的总价值（本书中适用于世界各国），贸易额占 GDP 的比重是衡量一个国家或整个世界贸易重要性的共同指标。

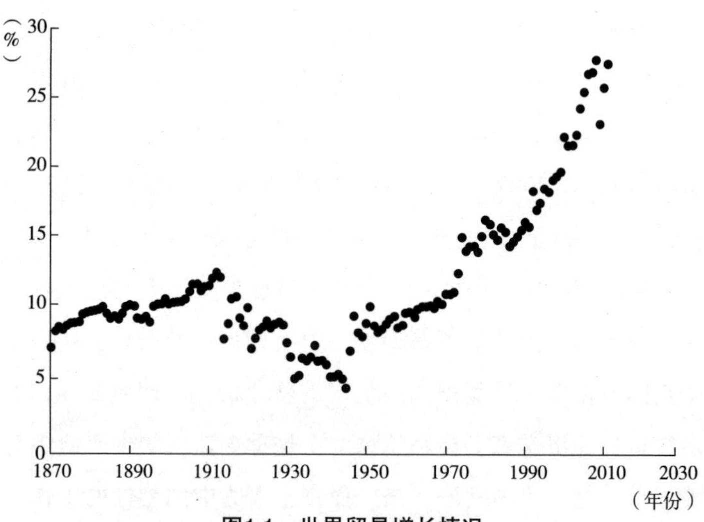

图1.1 世界贸易增长情况

注：贸易额占GDP的比重=［（进口额+出口额）/2］/GDP。

资料来源：Penn World Tables 8.1 and Klasing and Milionis（2014）。

图 1.1 清楚地说明了自 1950 年以后，贸易的重要性呈急剧上升趋势。20 世纪 50 年代初期，贸易额占 GDP 的比重（简称 R）约为 8.6%。到 1980 年，这一比重已经升至 16.1%，并呈持续攀升之势，直到 2008 年达到峰值，将近 28%。如图 1.1 所示，1890~1913 年是所谓的“贸易的第一个黄金时代”。这一时期的核心特征是，商品、资本和人口流动的国际边界迅速开放，部分原因是运输技术的改进。随着第一次世界大战的爆发，这个黄金时代戛然而止。在两次世界大战之间，贸易持续下滑，而大萧条和关税（对国际货物流动征收的税）的提高进一步加剧了贸易的下滑，提高关税成为应对经济衰退的一项共同政策。

第二次世界大战之后，在关税和贸易总协定（GATT）的推动下，世界各地的关税逐步下降，集装箱化等新的运输技术开始出现，新的“全球商品”生产形式迅速得到了普及。这一时期可被视为“贸易的第二个黄金时代”，当然，它更普遍地被称为“经济全球化时代”。跨国公司出现后，在它的推动下，世界许多商品和服务的市场日益一体化。我们在本书中将应用大量篇幅理解贸易在当今经济中的重要意义。

1.2 贸易的历史

在进一步讨论贸易和全球化之前，让我们首先把注意力转向贸易历史。贸易是人类最古老的活动之一。有考古证据表明，远距离贸易在近代之前就已经出现。公元前3000年，中国商人穿越中亚，把丝绸、漆器等奢侈品带到欧洲。来自中东、印度和中国的人们尤其是海员到欧洲从事棉花（印度）、糖（菲律宾）、锡（马来西亚）、香料（印度尼西亚）、茶叶和丝绸（中国）的贸易，东南亚的海上贸易蓬勃发展起来（Lockard，2009）。印度洋和南中国海在10~15世纪成为中世纪时期世界上最重要的海上贸易网络枢纽。事实上，在这一时期亚洲是贸易交流的中心阵地，因此，它吸引了葡萄牙等欧洲人在马六甲（马来西亚）和霍尔木兹海峡（伊朗）建立要塞，以控制横跨印度洋的航线，争取在这里的贸易活动份额。

18~19世纪的工业革命，在欧洲以及后来的北美引发了历史性的变革，而这些变革又对贸易产生了永久的影响。这场革命为远距离贸易创造了持久的产业结构和经济组织形式，构建了我们今天所熟悉的国际贸易经济体系。现代工厂始于18世纪英国的纺织业革命和布料工业生产。长期以来，纺织业一直是一个以羊毛为主要原料的小型家庭手工业，随着一系列新纺织技术的引进，对纱线的需求迅速增加，纺织业也开始向大型作坊转移。从羊毛到更结实的棉纤维的转变促进了工厂产量的增长，这得益于《英国印花布法案》的帮助，该法案对进口棉织物（大部分来自印度）征收关税，以保护英国国内纺织业。原棉取代了棉织物，从英国殖民地进口，起初是印度，后来是美洲。随着棉花生产规模的扩大，新的机械化纺纱和织造技术得以发展，使英国成为世界上最高效的棉花生产国。印度曾经是英国进口棉织物的主要来源国，现在成了英国棉花进口的主要市场。

英国纺织业的发展刺激了相关产业的扩张。生产工业机械的公司发展起来是为了支持制造业的增长，而许多其他公司的出现则是为了满足不断扩大的消费者群体对世界其他地区更多商品的需求。所有这一切都需要进口原材料，例如，从加利福尼亚进口用于制造电线的铜。农产品贸易也变得越来越重要。在英国，喝茶成了一种时髦的社交活动，其中大部分茶是从南亚进口的，糖是从菲律宾和南美洲进口的。换句话说，贸易是英国工业革命的核心，它将英国经济与为支持国际贸易而展开的地域分工联系起来。

随着工业革命蔓延到欧洲其他地区，对农业和原材料的需求不断扩大。由于无法与英国竞争印度的棉花和其他来自印度殖民地的原材料，欧洲国家开始另寻他处。殖民主义时代常常与欧洲寻找原材料来促进其工厂和工业发展联系在一起。它也与国际经济的兴起有关。我们认为，18世纪和19世纪的贸易促进了各国之间更持久的联系和相互影响，这种联系加强了经济关系。美国以前曾向欧洲供应棉花和糖，但很快就开始了工业革命。像约翰·洛克菲勒这样的美国工业大亨与铁路和货运公司结成联盟，开发运输系统以促进石油的出口，首先从宾夕法尼亚州运输到美国其他地区，然后再出口到世界其他地区，建造了全国最大的垂直一体化公司之一——标准石油公司（即“埃克森美孚”）。在此过程中，美国东北部逐渐发展为工业重镇和贸易中心，拥有了广泛的运输网络，以保证商品在世界各地的不间断运输和出口。

历史学家把工业革命期间殖民贸易的扩散与技术的改变联系在一起，从允许船只和火车远距离运送货物的蒸汽机的出现，到加强贸易机构间信息流通的电报和电话，这些发明标志着全球贸易技术进步的趋势。由于英国和欧洲大陆许多技术人员和科学家的累积发明，远距离运输货物成为可能。例如，约瑟夫·布莱克（Joseph Black）的潜热理论启发詹姆斯·瓦特（James Watt）建造了一个独立的冷凝器，从而生产出更高效的蒸汽机。在船上安装蒸汽机意味着商人可以在一周内横渡大西洋，加速了货物的流通。英国在此期间的早期贸易在一定程度上与其成功地应用推动工业革命的新技术有关（Mokyr，2002）。这反过来又促进了国家和地区的专业化，加强了英国（作为资本和消费品的生产者）与其殖民地（作为原材料供应商）之间的空间分工。

殖民地贸易对于欧洲工业现代化至关重要。在此之前，地中海、印度洋和南中国海的贸易往来非常频繁，以至于历史地理学家里德（Reid，1988）将东南亚 18 世纪之前的 300 年称为“商业时代”。当时，贸易的影响在城市增加中可见一斑。作为创新中心，城市增加的部分原因是出现了大量支持海上贸易的港口城市。贸易的影响可以通过整个亚洲的城镇化水平来衡量。以印度和中国为例，它们的城镇化率为 11% 左右，高于西欧 1400 年前后 8.5% 的水平（Acemoglu et al., 2005）。随着工业革命的兴起，大西洋贸易开始显著增长。阿西莫格鲁（Acemoglu）和他的同事们认为，在这一时期，贸易活动的中心开始转移到大西洋。反过来，英国、法国、荷兰、葡萄牙和西班牙等欧洲国家的城镇化率也大幅上升。到 19 世纪中叶时，这些国家的城镇化水平已经超过亚洲，高达近 20%。随着西欧大部分地区贸易和城镇化的发展，居民收入水平迅速上升，而在亚洲则停滞不前。近代西欧的崛起与大西洋贸易的兴起紧密相连。

从上面的讨论中可以看出，新兴的国际经济在 19 世纪末开始蓬勃发展，越来越多的国家通过贸易联系在一起。在许多国家的经济发展中，贸易促发了新的社会阶层（商人）的产生，成为一种重要的财富创造方式。贸易还形成了有利于市场稳定的新机构。在多个方面，贸易通常被视为国家和地区经济增长的积极力量。然而，必须指出，国际贸易的许多历史并不是以自由贸易为特征的（Bairoch，1993）。与亚当·斯密（Adam Smith）和大卫·李嘉图（David Ricardo）观点相左的是，为了建设更强大的国内经济，不少人主张加大对行业的保护力度，使其免受外国竞争的影响。弗里德里希·李斯特（Friedrich List，1789~1846）就是一位关税拥护者，其目的是要刺激国内经济活动。保护主义的另一个例子是英国著名的 1815 年玉米法，该法禁止小麦进口，直到国内价格达到理想水平。这样，玉米法保护了地主阶级的财富。尽管英国在 19 世纪中期曾一度成为最自由的经济体之一，但欧洲大陆并非如此，因为在殖民时代的大部分时间里，欧洲大陆的制造商仍不相信自由贸易的好处。

在殖民时代，如果没有体制支持，贸易不可能以如此快的速度增长。英国议会制度的发展和通过英格兰银行提供的强有力的财政支持，加上英国君主权力的衰落，增加了商人在不过分依赖皇室利益的情况下跨大西洋贸易的自由。从治理的角度来看，支持产权和帮助确保经济交流确定性的机构是贸易蓬勃发展的必要条件。经历体制转型的西欧国家在贸易和经济增长方面获得了巨大的收益（Acemoglu et al., 2005）。在当代，贸易治理是体制建设背景下最国际化的活动之一。没有几个真正的全球性机构有这么多国家（2015 年约为 162 个）同意参与多边交易。

在贸易方面，我们发现，设立强大的全球机构的主要目的是：强化产权，尽量减少保护主义，并建立通过世界贸易组织（WTO）解决国际争端的机制（见本书第四章）。为了理解贸易治理变得如此全球化的原因，我们将在下一节描述当前的贸易模式。

1.3　全球化和当代贸易模式

若将进出口总额之和统称为贸易总额，根据世界银行

（World Bank）数据，2008 年全球有 161 个国家的贸易总额占 GDP 的比重超过了 50%。虽然 50% 这个界值多少有点武断（第三章将会说明这类值在测算过程中遇到的一些问题），但是在此之前从来没有这么多国家热衷于贸易活动。当今世界经济的联系程度比以往任何时候都要紧密。

图 1.2 描绘了 2014 年通过国际贸易数据追踪的全球商品流动情况。据联合国统计，2014 年世界商品贸易总额（进出口总额的平均值）约为 180000 亿美元（本书中涉及的所有价值数据，单位均为美元）。服务贸易额不包含在这一总额当中，因为服务的进出口状况不能像货物那样，可以被贸易数据真实有效地反映。该图显示，世界上每个重要核心区内部都存在很多国家，与其他国家甚至与位于其他重要核心区内的国家发生贸易往来。逐一考察这些重要核心区内发生的贸易量，很显然，欧洲内部贸易在全球商品流动中占据主导地位，其贸易额达到全球商品贸易的 25%。亚洲内部贸易占据区内贸易的第二把交椅，大约占全球贸易的 11%。北美的贸易流动主要由加拿大和美国之间的贸易往来所支配，但其贸易额仅占全球贸易的 4% 左右（需要说明的是，该图中拉丁美洲的数据包含墨西哥）。

就世界重要核心区之间的贸易流动而言，图 1.2 表明，亚洲、欧洲和北美洲之间的区际贸易量最大。这并不难理解，因为这些区域生产和消费了世界上绝大部分的商品。2014 年，欧洲从亚洲进口和出口的商品价值分别为 9120 亿美元和6580亿美元，这意味着欧洲对亚洲的贸易逆差达到2540亿美元。为了抵销部分赤字，欧洲对北美实现了贸易顺差，进口和出口商品额度分别达到5200亿美元和3770亿美元。此外，亚洲对北美的贸易顺差也相当可观。2014年，亚洲经济体向北美国家出口了价值8970亿美元的商品，而北美国家向亚洲经济体出口的商品价值额仅为4120亿美元。若将亚洲、欧洲和北美洲这三个核心区的区内和区际贸易流动均统计在内，总额高达108790亿美元，占全球贸易总额的60%以上。

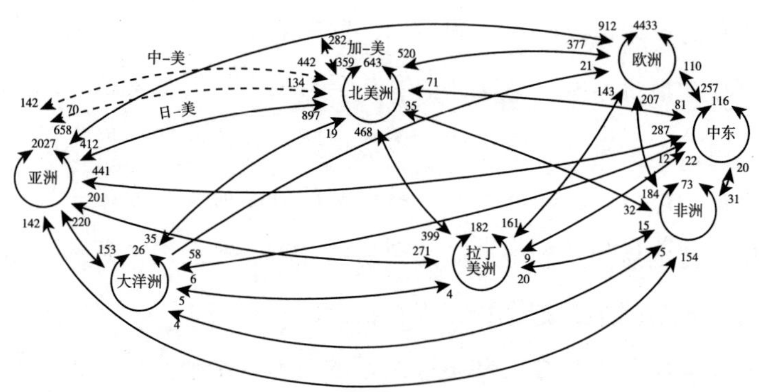

图1.2　2014年世界贸易格局

注：本图展示的2014年的商品贸易流动额以10亿美元计；2014年全球商品贸易总额约为180000亿美元；圆弧线代表核心区域内部的贸易流（亚洲、大洋洲、北美洲、拉丁美洲、欧洲、非洲和中东）；实曲线代表世界主要核心区之间的进出口情况，而虚曲线代表加拿大和美国、中国和美国以及日本和美国之间的进出口情况。

资料来源：联合国贸易委员会。

个别国家之间也存在大量的双边贸易流动，图 1.2 用虚线的形式展示了其中几个最大的贸易流。在全球范围内，拥有最大商品进出口量的两个国家是加拿大和美国。2014 年，价值超过 6410 亿美元的货物越过了美—加边境。同年，美国和中国之间的商品贸易量也非常大，总额约为 5830 亿美元。其中绝大部分（约为 4420 亿美元）是通过中国出口到美国的商品流产生的，中美贸易不平衡是世界上最大的贸易失衡之一。日本对美国的出口几乎是美国对日本出口的两倍。

图 1.2 清晰地展示了世界贸易的庞大规模。贸易流动的结构是复杂和动态的，当今，亚洲和拉丁美洲以及亚洲和非洲之间的商品交易远远超过了一二十年前。这些变化以及其他方面的许多变化都反映了世界各地生产组织方式的巨大变革。国际一体化水平的提升是全球经济的一大标志。

1.4 本书主旨

在前面苹果公司的故事中，谁赢谁输？这取决于我们如何理解贸易的目的、功能和广泛影响。从经济角度看，国家之间开展顺畅的或者无边界的商品交换有利于全球经济的形成，因为消费者可以用相对低廉的价格享受到更加多样的商品和服务，商品生产者可以开拓更加广阔的市场，公司只需要生产和提供能够反映其机会成本的商品和服务。然而，如上所述，自由贸易并非没有成本，并且成本配置可能是失衡的。主权国家的职责不仅仅是确保市场公平运行。主权国家既应关心贸易成本，也应关注贸易利益，同时还要制定政策以平衡相互竞争群体之间的利益分配。

事实上，全球经济中的贸易并不是顺畅运行的。政府官员必须关注进口竞争和产品倾销、各地区和经济部门的就业机会和失业问题，他们还必须关注污染行业的贸易后果。各国内部不同的利益群体会基于不同的立场游说政府增加贸易或者减缓甚至停止贸易。有时候，商人可能会支持贸易，而工人却持反对态度；也有时候，企业和工会可以通过要求提高关税或非关税贸易壁垒来联手打击国外竞争。进口也会因地方鼓励企业从国内生产商采购的特定文化习俗而受到限制（比如日本的企业联盟网络）。经济、政治和文化因素与理解贸易发生的原因以及贸易在全球经济不同部分所采取的形式等问题是密切相关的，运用跨学科的方法理解世界各地的商品和服务流动是必要的。本书试图提供这样一种方法。

1.5 本书框架

在本书的第二章，我们将概述自由贸易的经典理论，探讨影响贸易效益的因素，并扩展贸易理论，以解释生产相似商品的国家之间的贸易和当代全球经济中的外包模式。第三章通过研究跨国公司活动及其生产网络的发展，探讨全球经济和贸易的兴起和发展。第四章探究贸易治理问题，并详细阐述世界经济体系中不同地区的经济一体化和贸易协定的性质。第五章探讨贸易和发展的关系，具体而言，重点关注以东亚和东南亚为核心代表的发展中国家的贸易战略。第六章研究贸易的影响，包括出口加工区的发展到贸易对劳工和环境的影响，并进一步分析讨论贸易中日益增长的道德伦理需求。第七章简要总结本书的核心论点，并强调一系列未来与贸易密切相关的问题。

推荐阅读

1.Reid，A.（1988）*Southeast Asia in the Age of Commerce，1450 to 1680*.New Haven：Yale University Press.正如里德（Reid）在这本关于东南亚的书中所讲述的那样，在工业革命之前，世界经历了全球化时期。中国和东南亚长期从事海上贸易，里德重点关注了1450~1680年这种贸易是如何在政治和宗教的背景下，使东南亚从一个融入世界经济的国家转变为17世纪末退出贸易体系的国家。

2.Bairoch，P.（1993）*Economics and World History*.Chicago：University of Chicago Press.这本书追溯了19世纪自由贸易和经济增长的关系，是一本非常有趣的读物，因为贝洛赫（Bairoch）在书中提及了一些富有争议的言论。比如，他认为英国和欧洲大陆的贸易保护主义减缓了它们的增长；殖民主义不是剥削性质的，因为发展中国家不是西方工业化国家经济发展的中心；等等。这本书篇幅不长，书中也包含一些历史数据。

参考资料

1. 苹果公司供应商列表和生产分布图可参考以下网站：http：//www.apple.com/supplier-responsibility/our-suppliers/ 和 http：//comparecamp.com/how-where-iphone-is-made-comparison-of-apples-manufacturing-process/。

2. 苹果公司 iPhone 6 和许多其他商品的配置单可以参考以下网站：http：//www.techinsights.com/teardown.com/apple-iphone-6/。

3. 宾夕法尼亚大学世界数据库（The Penn World Tables）提供了全球多个国家的贸易和 GDP 数据：http：//cid.econ.ucdavis.edu/pwt.html。

4. 联合国贸易和发展会议（The United Nations Conference on Trade and Development）网站（http：//unctad.org/）以及联合国商品贸易网站（http：//comtrade.un.org/）提供了大量贸易数据。

5. 世界银行是国际经济数据的另一个来源：http：//data.worldbank.org/。

第二章 | 贸易理论

在第一章，我们阐释了贸易在世界经济中日益增长的重要地位。在过去50年左右的时间里，许多国家的进出口额占GDP的比重普遍呈现增长态势。尽管如此，扩大贸易并没有得到普遍支持。有人担心，无论是在发达工业化国家还是在新兴经济体，贸易都是造成失业和工资停滞的罪魁祸首之一。还有人认为，贸易可能会损害整个发展中国家的经济增长前景。此外，人们也越来越担心贸易对食品安全和环境的影响。如果贸易真的如此糟糕，那么为什么大多数国家还是积极支持跨境商品和服务的交换呢？原因很简单，就是贸易带来的收益。从获取更多类型商品和服务的能力，到更有效地整合利用一国的资源，开展自由贸易（不受税收或其他形式进出口管制限制的贸易）的收益往往超过向国际竞争开放经济的成本。

虽然阐明贸易收益的存在比较容易，但是解释这些收益如何在不同的国家之间以及国家内部不同的群体之间分配，是一个更加复杂的问题。本章旨在探讨国际贸易的不同理论，首先阐释贸易如何产生经济收益，并讨论收益配置的影响因素。我们以介绍比较优势模型的形式引入对贸易标准的讨论，在通过赫克歇尔—俄林理论研究国家内部贸易收益分配的过程中扩展对贸易的理解。其次分析基于垄断竞争框架的国际贸易模型，这些模型可以帮助我们理解为什么生产相似产品的国家之间还要彼此进行贸易。最后以全球外包形式的贸易新基础完结对贸易理论的回顾，并简要总结本章的核心观点。

2.1 比较优势

亚当·斯密（Adam Smith）和大卫·李嘉图（David Ricardo）分别在18世纪末期和19世纪初期概述过关于贸易收益的早期案例。当时，人们普遍认为财富以金和银的形式存在，因此，主权国家只有在能够增加这些资源积累的情况下才应该从事国际贸易。这是重商主义的观点，也导致了政策导向以限制进口（由此减少因从外国购买货物时需要支付的黄金和白银）同时鼓励出口为主。谢泼德（Sheppard，2005）探讨了早期关于自由贸易的政治斗争，取消主要针对进口的规定配额和关税（对跨境商品征税）的立法。

在《国富论》（1776）中，亚当·斯密探讨了竞争与经济增长的基础，认为一个国家的资源（原材料、土地、劳动力和资本）应该只应用于生产该国高效供应的商品，如果其他国家能够比该国更加高效地生产其他商品，那么其他商品就应该通过进口获取。亚当·斯密提及的“高效”是什么意思呢？要回答这个问题，让我们假设只有两个国家：A 和 B，这两个国家都只生产两种商品，即葡萄酒和布料，并且其生产过程非常简单，只需要投入一种资源，即劳动力。

以劳动力作为生产葡萄酒和布料的唯一投入，生产过程中的效率通过劳动生产率来衡量，即一个受雇工人在一个固定的时间单位内（比如一个小时或者一天）平均生产葡萄酒或布料的单位数量。列举一个简单的例子来说明“效率”的含义：在 A 国，平均一天的劳动可以生产 4 单位葡萄酒或者 1 单位布料；在 B 国，平均一天的劳动可以生产 2 单位葡萄酒或 3 单位布料；那么，我们就说，A 国在生产葡萄酒方面比 B 国更加具有绝对优势，因为一个单位的劳动在 A 国可以比在 B 国生产更多的葡萄酒。同样，B 国在生产布料方面比 A 国更具绝对优势。

若没有贸易，我们假设两国居民每天均需要 60 单位的葡萄酒和 60 单位的布料。这意味着 A 国需要 15 位（60 ÷ 4=15）工人生产葡萄酒，以及 60 位（60 ÷ 1=60）工人生产布料；在 B 国，每天的劳动需求将是 30 位（60 ÷ 2=30）葡萄酒工人和 20 位（60 ÷ 3=20）布料工人。现在，我们假设 A 国和 B 国可以相互贸易。首先，假设贸易成本为零（即货物从一个国家运转到另一个国家的费用）以简化情景，也许这两个国家紧邻。经过一系列验证后就会清楚，如果两个国家都专门生产各自具有绝对优势的商品，然后进行贸易交换，那么两国均可从贸易中获益。例如，如果 A 国把所有 75 位工人都分配去生产葡萄酒，那么其日产量就可达到 300 单位（75 × 4=300）

的葡萄酒；若B国专门从事布料生产，它每天可以生产150单位（50×3=150）的布料。经过专业化生产，两个国家的总产出增加了180单位的葡萄酒和30单位的布料。如果两国之间共享，这些额外产出就是贸易收益。

虽然斯密的绝对优势模型确立了从贸易中获益的可能性，但是只有当不同国家在生产至少一种商品方面拥有绝对优势时，这种可能性才会真实发生。所以在这方面，斯密的模式只是为贸易的存在提供了一个相当有限的基础：世界上开展贸易的许多国家与其他国家或地区相比，可能并不占据绝对优势，那又是什么驱使这些国家进行贸易活动的呢？答案在于"比较优势"，大卫·李嘉图（David Ricardo）在其1817年出版的《政治、经济和税收原则》一书中对此有所概述。

我们借助上述两个国家、两种商品、一种投入的模型假设来阐述比较优势的观点。需要注意，这个新模型（比较优势模型）是如何调整劳动生产率的。首先，让我们想象一下，A国和B国之间没有贸易，各自处于自给自足的情景。在这个尚无贸易（pre-trade）的世界里，我们假设A国利用其劳动力生产葡萄酒和布料，其可以生产的酒和布料的总量取决于两类商品工业的劳动生产率以及100位工人的总劳动力供给，或者更确切地说，是100个工作日。假定A国葡萄酒的劳动生产率为100÷100=1，也就是说，如果A国的100位工人全部生产葡萄酒，不涉及布料，他们可以生产100单位的葡萄酒。A国布料的劳动生产率也设定为100÷100=1，因此，如果A国的所有工人都专门生产布料，则他们一天也能够生产 100 单位的布料。这些生产可能性以生产可能性边界线（Production Possibilities Frontier，*PPF*）的形式反映在图 2.1（a）中。图中绘制了利用一个国家的劳动力生产葡萄酒和布料的所有可能存在的组合。需要指出的是，图 2.1 中的“完全专业化”意味着两种商品中只有其中一种是在一个国家生产的，专业化通过 *PPF* 曲线的末端，即其与横轴和纵轴的交会点得到反映和刻画。

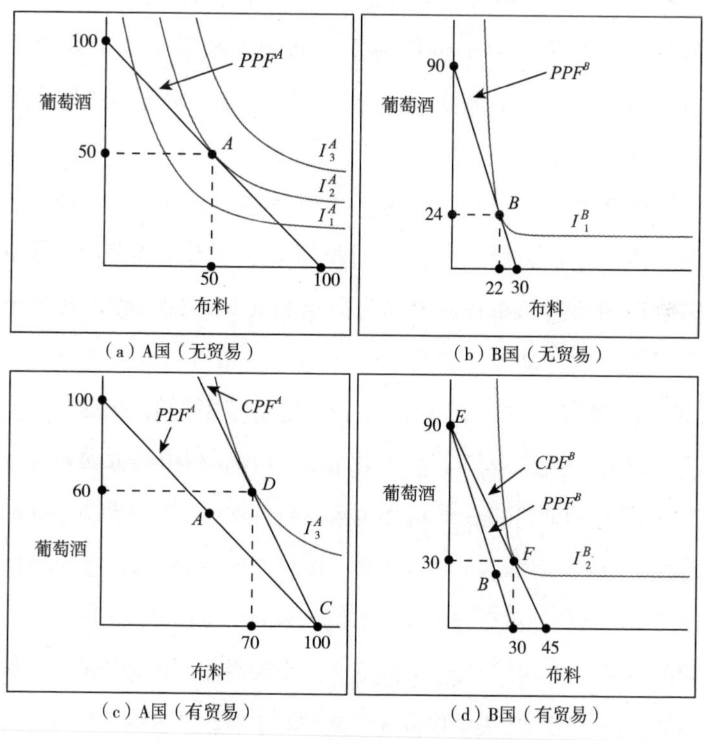

图2.1　不同情景下的比较优势

为了绘制一个国家的 *PPF*，我们将该国的劳动力供给除以葡萄酒生产中的劳动生产率，得到 *PPF* 曲线与纵轴（衡量葡萄酒产量的轴）的交叉点，对于 A 国来说，这一点即 100 ÷ 1=100，如图 2.1（a）中纵轴所示。接下来，我们确定 *PPF* 曲线与横轴（衡量布料产量的轴）的交叉点，A 国的该值也为 100，标注在图 2.1（a）的横轴上。*PPF* 曲线是通过连接这两个点绘制出来的，其斜率代表 A 国为了多生产 1 单位的布料必须放弃生产的葡萄酒的数量。当斜率值为负时，其值（–1）也称为生产布料的机会成本。在一个国家内，多生产 1 单位商品的机会成本即必须放弃的另一种商品的生产量。

在 B 国，我们假定其劳动力储备量和 A 国一样，为 100 位工人，但 B 国拥有和 A 国不同的生产技术，这也意味着 B 国生产葡萄酒和布料的劳动力需求和 A 国不同。假定 B 国生产葡萄酒的劳动生产率为 90 ÷ 100=0.9，布料的劳动生产率为 30 ÷ 100=0.3。图 2.1（b）展示了无贸易情景中 B 国的 *PPF* 曲线。如图 2.1（b）所示，凭借其 100 单位的劳动力，B 国可以生产 90 单位的葡萄酒或者 30 单位的布料，抑或生产这两点之间的直线上葡萄酒和布料的任何组合。B 国 *PPF* 的斜率为 –3，因此，B 国生产布料的机会成本是 3 单位葡萄酒。该值可视为 1 单位布料的相对价格，这一数字反映了生产两种商品所需的劳动力的相对数量，其倒数代表 1 单位葡萄酒相对于布料的价格（1/3）。

各国究竟把它们的 *PPF* 设置在哪里（即如何配置两种商

品的生产比例）？这取决于每个国家对两种商品的需求水平，我们可以用无差异曲线来表示这种需求。无差异曲线代表了能够为个人或者一个经济体在消费过程中提供同样满意度或者同等效用的不同商品组合，一簇（多条）无差异曲线代表不同的效用水平，越是靠近原点，曲线所刻画的效用水平就越低。如果我们假设个人追求更高而不是更低的效用，那么他们就会选择沿着离原点最远的无差异曲线消费。与 *PPF* 相切的无差异曲线代表一个经济体可能达到的最高消费水平，在图 2.1（a）中，可能达到最高消费水平的无差异曲线是 I_2^A。重要的是要意识到，由于没有贸易，一个国家的消费受制于该国的生产。*A* 点代表在 A 国可以使效用最大化的生产和消费数量，在该处生产和消费的葡萄酒和布料的数量分别达到 50 单位。在图 2.1（b）中，*B* 点标志着在无贸易环境中 B 国可以达到最高效用的位置，此时分别生产和消费 22 单位的布料和 24 单位的葡萄酒。

需要注意的是，在图 2.1 的无贸易情景中 [图（a）和图（b）]，和 B 国相比，A 国在生产葡萄酒和布料方面均具有绝对优势。由此引发一个问题：A 国是否会从与 B 国的贸易中获益？毕竟它在生产两类商品时都更加高效。李嘉图的比较优势模型认为，只要两国之间生产葡萄酒和布料的机会成本不同，该问题的答案就是肯定的。因此，可以直观地认为，如果两国各自专门生产具有最大比较优势的商品，即机会成本最小化的商品，那么自由贸易将会为两国带来收益。

假设两国之间贸易开放，和之前一样，我们设定两国紧邻，因此运输成本为零。当国与国之间开始有货物流通时，两种商品的相对价格在每个国家内部就会有所浮动，需要时间来调整。有商业头脑的人将会关注这些价格差异，并试图通过套利过程从中获利，即在一个地方以低价购买一种商品，然后再以更高的价格出售到其他地方。比如，在 B 国，1 单位布料可以交换 3 单位葡萄酒，而这 3 单位葡萄酒可以被运到 A 国后再换成布料，这样就实现了 2 单位布料的利润。另一种选择是，A 国的布料生产商将会意识到：无贸易时，他们可以用 1 单位布料换 1 单位酒；然而，若他们在 B 国仍以贸易前的价格出售葡萄酒，他们用 1 单位布料将会得到 3 单位的葡萄酒。这样，布料和葡萄酒在两国之间的流通量将会不断增长，改变供需格局，从而形成相对于葡萄酒或者布料的统一市场价格。要确定这一价格，需要了解两国对布料和葡萄酒的具体需求信息。如果没有这些信息，两种商品的相对价格将会被调整到介于 A 国和 B 国贸易前价格界限之间的某一个值（1~3）。为简便起见，我们假定在贸易情景中葡萄酒相对于布料的价格趋向于 2（即 1 单位布料相当于 2 单位葡萄酒）。

通过图 2.1（c）和图 2.1（d），我们可以确定贸易收益。延续李嘉图的理论，我们假设每个国家都专门生产本国具有最大比较（或相对）优势的商品。A 国在生产布料方面具有比较优势，B 国在生产葡萄酒方面具有比较优势。在图 2.1（c）中，假设 A 国在 C 点处生产 100 单位的布料。用两条不同斜率的"新贸易后相对价格线"，绘制出 A 国一系列新的消费可能性。贸易后 A 国的消费均衡将出现在 D 点，该点与最高的贸易后无差异曲线相切。考虑到两个经济体的葡萄酒和布料生产特点，这种情况在现实中是可能的。需要注意的是，贸易发生后每个国家的消费和生产都可能有所变化。A 国工人在 D 点处消耗 70 单位的布料以及 60 单位的葡萄酒，该葡萄酒是从 B 国进口，以换取由 A 国生产并出口的 30 单位布料。在图 2.1(d) 中，B 国在 E 点处生产 90 单位的葡萄酒。根据"新贸易后相对价格线"，B 国工人消费他们在 F 点生产的 30 单位葡萄酒，并将剩余的 60 单位葡萄酒出口，以换取 A 国 30 单位的布料。

A 国的贸易收益体现为贸易前后的消费差异，这一差异通过图 2.1（c）中 A 点和 D 点之间的距离表示。该距离是 20 单位布料和 10 单位葡萄酒，代表了 A 国因专业化和贸易而增加的消费量。B 国的贸易收益通过图 2.1（d）中 B 点和 F 点之间的距离表示，该距离是 8 单位布料和 6 单位葡萄酒。总体来说，贸易后两个国家均因此享有了较高的消费水平。

值得注意的是，尽管 A 国在生产葡萄酒和布料方面拥有绝对效率，但是 A 国依然从与 B 国的贸易中获益。A 国在生产布料方面相对更加高效，B 国在生产葡萄酒方面相对更加高效，这些相对效率的差异决定了比较优势模型中的专业化模式。可以清楚地看到，比较优势为贸易提供了比绝对优势更加广泛的基础。所以，贸易国不必非得寻找绝对比自己至少生产一种商品更加高效的合作伙伴。

2.2 赫克歇尔 - 俄林（H-O）模型

正如我们刚刚所讲，国家之间的效率或技术差异是贸易的基础之一。贸易还有其他基础，我们可以据此提出更多论据以证明贸易的潜在收益。这些基础当中最重要的一个是：各国资源分配不均。虽然绝对优势和比较优势模型很重要，但是它们的解释力度非常有限，因为它们考虑的是只有一种投入（生产要素）的简单生产过程，所以据此无法审查一国之内不同生产投入的所有者是否均从贸易中获益。为了解决这个问题，我们扩展了上一节提及的“两个国家、两种商品”的模型，在经济生产中增加了第二种投入或者生产要素。在本节的第一部分，重点探讨第二种生产要素对贸易模式的影响；第二部分讨论 20 世纪初期两位贸易经济学家——赫克歇尔（Heckscher）和俄林（Ohlin）的观点，他们解释了在两种生产要素的新世界中（new two-input world）的专业化模式；继两位学者的观点之后，进一步证明：在一个国家内部，不同生产投入的所有者并不是都能从贸易中获益。

我们建立了新贸易模型，假设在 A 和 B 两个国家生产葡萄酒和布料，投入要素除了劳动力之外，还需要第二种要素，即土地。下面我们再次探讨生产和消费是如何在这些经济体内部由自给自足的局面转变为彼此之间欣然接受国际贸易的局面。加入第二种生产要素后，我们不得不更仔细地考虑生产可能性边界线（*PPF*）的形状。在比较优势模型中，*PPF* 是一条直线，表明无论一国之内两种商品的产出水平如何，劳动生产率（以及生产的机会成本）均保持不变。对于第二种生产要素来说，这并不是一种非常现实的情况。为了说明这一点，假设一个国家生产的每单位葡萄酒都需要大量的土地和极少的劳动力投入，而生产的每单位布料都需要大量的劳动力和极少的土地投入（假设葡萄酒生产是土地密集型，而布料生产是劳动密集型）。如图 2.2 所示，我们将处于两种生产要素模式中的国家的 *PPF* 表示为向原点弯曲或者凹陷的曲线。*PPF* 的负斜率表明这样一个事实：生产更多第一种商品就意味要放弃一部分第二种商品的生产，因为生产投入的要素是有限或者稀缺的。*PPF* 的弯曲形状意味着，重复增加一种商品的生产，需要在减少另一种商品的生产水平方面做出越来越大的牺牲。这表明每种商品的机会成本会随着该商品生产量的增加而增加。

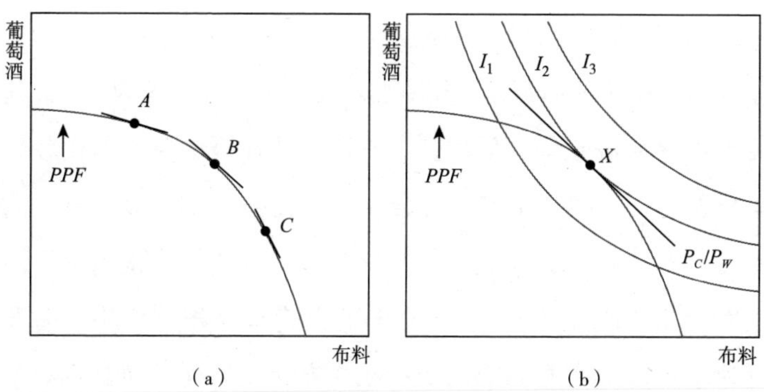

图2.2　两种要素投入的生产可能性边界

机会成本的这些变化有时被称为增加（相对）成本定律。对该定律之所以存在的一个简单解释是，生产投入要素质量的差异。在我们的案例中，含义为不同地块的肥力可能不同，因而在葡萄酒的产出效率方面或多或少会有所差异；抑或不同工人生产布料或葡萄酒的工作效率多少存在一些差异。由此，如果我们假设将最肥沃的土地用于生产葡萄酒，而非布料，那么当经济发展对葡萄酒产生越来越多的需求时，就要求投入更多日益贫瘠的土地以维持对葡萄酒的额外供给，这也意味着生产布料的数量将会越来越少。正如图 2.2 中 *PPF* 曲线上点 *A*、*B* 和 *C* 处的斜率所示，布料生产的机会成本随着其数量的增加而增加。

在这种新的两种要素投入的环境中，经济应该在 *PPF* 曲线上的哪一点决定生产配比？这取决于一个国家对葡萄酒和布料的具体需求。和解释比较优势模型时一样，如果我们以“全经济无差异曲线”（economy-wide indifference curves）的形式来表示需求，那么经济就应该定位在 *PPF* 上与最高的无差异曲线相切的那个点。在图 2.2（b）中，该点即为 *X*，此处能够确保经济整体的效用最大化。需要注意的是，与比较优势模型一样，布料生产的机会成本通过 *PPF* 的斜率体现。同时，*PPF* 的斜率也代表了 1 单位布料相对于 1 单位葡萄酒的相对价格（*PC*/*PW*）。在李嘉图的模型中，相对价格的差异反映了不同国家之间劳动生产率的变化，然而，在赫克歇尔－俄林的标准贸易模型中，国家之间的相对价格差异通常被认为是伴随生产要素的可获取程度的变化而变化的。下面我们将进一步讨论这个问题。

关于两个国家、两种商品、两种要素投入的赫克歇尔－俄林（H-O）标准贸易模型通常是基于以下假设构建的。第一，葡萄酒和布料生产的资源需求不同。正如我们上文提及的，葡萄酒在生产上属于土地密集型，而布料生产则是劳动密集型。第二，我们认为 A 和 B 两个国家在资源可利用程度方面有所差异。更具体地说，即假设其中的一个国家拥有丰富的土地资源储备，而另一个国家的劳动力资源储备更充足。第三，两国的生产要素，包括土地和劳动力，在各自国家的每个生产部门之间都是流动的。也就是说，土地和劳动力可以从一种商品的生产中移除，并转移到另外一种商品的生产当中。第四，尽管各国的生产要素具有流动性，但是它们在国家之间是不流动的。然而，最终产出的葡萄酒和布料可以在国家之间进行贸易。第五，我们再次假设贸易成本为零。

我们利用图 2.3 来解释两国在贸易前和贸易后生产以及消费方面的差异。图 2.3 中的图（a）和图（b）展示了没有贸易时 A 国和 B 国的经济状况，而图（c）和图（d）展示了两国贸易后的生产和消费模式以及贸易收益状况。按照上述假设，我们设定 A 国相对于 B 国拥有更丰富的土地资源，但劳动力相对较少。贸易前，两国的生产都被设定在各自的生产可能性边界上，即两国经济都达到了各自可能的最高无差异曲线。在这里，两个国家也展示了布料的贸易前相对价格。值得注意的是，如图 2.3（a）所示，在 A 国，*PPF* 倾向于葡萄酒。这对应了其中之一的假设，即 A 国土地资源相对丰富，而葡萄酒生产正是属于土地密集型产业。如图 2.3（b）所示，在 B 国，*PPF* 向布料倾斜，反映了布料生产的劳动密集特性和该国劳动力相对丰富的假定。

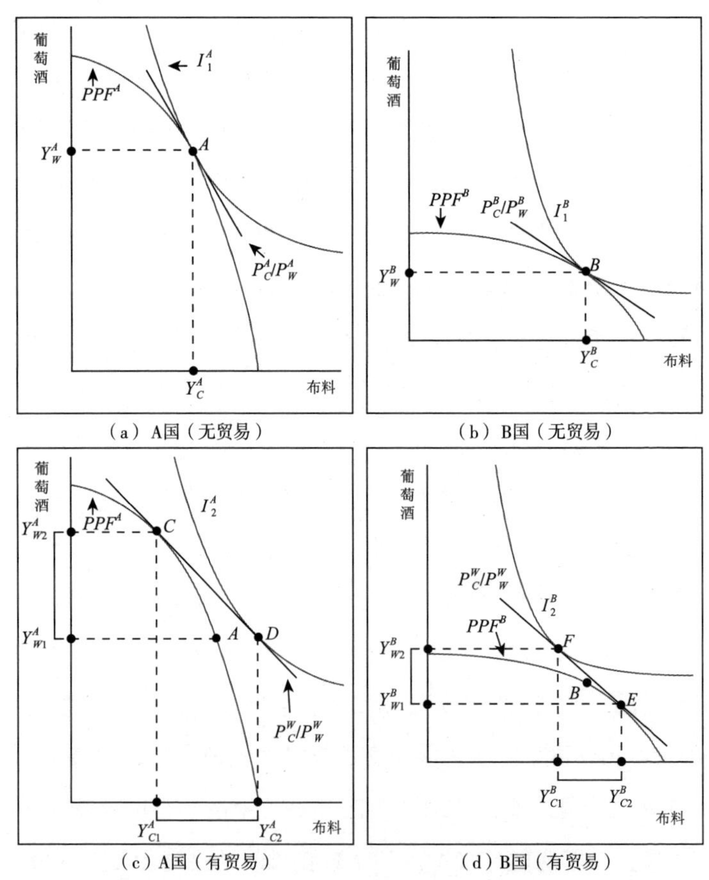

图2.3　赫克歇尔–俄林模型中的贸易收益

在没有贸易的情况下，A 国将在 A 点同时生产葡萄酒和布料，该点是 A 国的 PPF 与可达到的最高无差别曲线 I_1^A 相切的地方。布料的相对价格（P_C^A/P_W^A）与 PPF 在 A 点处的斜率相同。请注意，当价格线陡峭时，布料的相对价格也会很高。在均衡条件下，A 国布料的相对价格高于 B 国，由此反映出布料生产的劳动密集型以及 A 国劳动力资源相对稀缺的事实。不要忘记，无差异曲线的斜率是由生产布料的机会成本决定的，即消费者愿意以葡萄酒为单位交易布料付出的金额。因此，A 点是贸易前的均衡点。在该点处，无差异曲线的斜率等于 PPF 的斜率，表明消费者愿意为布料支付的相对价格等同于生产这些布料的机会成本。在没有贸易的情况下，A 点确定了我们讨论的两种商品——葡萄酒和布料的生产和消费情况。在 A 点，我们用 Y_W^A 和 Y_C^A 分别表示葡萄酒和布料的生产及消费量。

图 2.3（b）中的 B 点展示了 B 国无贸易时的均衡情况，该点也是 B 国的 PPF 与可达到的无差异曲线 I_1^B 的相切点。根据价格线的倾斜坡度可知，在该点处，布料的相对价格较低。此外，在该图的 B 点处，消费者愿意为布料支付的相对价格等同于生产这些布料的机会成本。在没有贸易的情况下，B 点即确定了葡萄酒和布料的生产和消费情况。我们分别用 Y_W^B 和 Y_C^B 表示 B 国无贸易时的葡萄酒和布料的生产及消费量。

请注意，如果图 2.3 中的无差异曲线都是以相同的形状绘制，那么我们就认为A国和B国的消费者对葡萄酒和布料遵循相同的需求模式。消费者需求的国家差异是贸易产生的另一个可能原因，我们这里暂不讨论。

当贸易开放时，国内价格比例的差异构成了国与国之间交换的基础。一旦贸易开放，在国内价格尚未来得及调整之前，A国的葡萄酒生产商就会发现，他们可以以更高的价格在B国销售葡萄酒，这将鼓励A国向B国出口葡萄酒。与此同时，B国的布料生产商也将意识到，他们可以将布料出口到A国，并能以相对于国内更高的价格出售这些布料。由此，葡萄酒将从A国流向B国，而布料则以相反的方向流动。两国国内的葡萄酒和布料价格，将根据进出口引起的供应变化进行调整。这些价格变化将会导致介于两国贸易前价格区间内的、新的世界价格的形成。随着相对价格的变化，两国葡萄酒和布料的生产情况也将有所改变。

图2.3中的图（c）和图（d）展示了布料的新世界相对价格以及与自由贸易均衡相一致的贸易后生产和消费的相应变化。在A国，布料的新世界相对价格低于贸易前国内的布料价格。这种价格变化激发A国的土地和劳动力从布料生产转移到葡萄酒生产上。所以，实际上，A国将更加专注于葡萄酒的生产，而葡萄酒的相对价格会因贸易而上涨。同时，葡萄酒的生产也将消耗A国较多相对丰富的生产要素。如图2.3（c）所示，随着贸易的开展，A国的生产配置从A点向C点转移，消费也从无差异曲线I_1^A上的A点转移到更高的无差异曲线I_2^A上的D点。

A 国葡萄酒的出口量可通过图 2.3（c）中 $Y_{W2}^{A}-Y_{W1}^{A}$ 的差额得以体现,A 国从 B 国进口的布料数量由 $Y_{C2}^{A}-Y_{C1}^{A}$ 计算得到。在 B 国，布料的新世界相对价格高于其贸易前国内的价格，这种价格变化促使土地和劳动从葡萄酒的生产转移到布料的生产上。因此，B 国将专门从事布料生产，其生产也将消耗该国较多的相对丰富的生产要素（劳动力）。开展贸易之后，B 国的生产配置从图 2.3（d）中的 B 点转移到 E 点，消费也从无差异曲线 I_1^B 上的 B 点向更高的无差异曲线 I_2^B 上的 F 点转移。B 国的布料出口通过图 2.3（d）中 $Y_{C2}^{B}-Y_{C1}^{B}$ 的差额展示，其从 A 国进口的葡萄酒数量由 $Y_{W2}^{B}-Y_{W1}^{B}$ 计算得到。只要葡萄酒的进出口和布料的进出口保持平衡，新世界中的相对价格在贸易平衡后就不会改变。需要注意的是，虽然各国由于贸易原因而专门从事某种商品生产，但这种模式与比较优势模式相比，各国的专业化是不完全的（并非完全专注于某种或某些商品生产，而不生产其他商品），这也是 *PPF* 呈现凹形的原因。

2.3 斯托尔珀 – 萨缪尔森定理

赫克歇尔和俄林认为，他们模型中的贸易收益因国家集中利用其丰富的生产要素专注于某种商品生产而产生。贸易收益可通过图 2.3 中 A 国和 B 国开展贸易后，其无差异曲线向更高水平移动得以体现。然而，这仅仅表明，贸易后各国的平均消费高于贸易前，并没有说明各国的贸易收益是否在不同的资源，包括土地和劳动力的所有者之间得到了平均分配。事实证明，H-O 模型对于贸易理论家来说非常重要，因为它还能对一国贸易收益的分配方式开展研究。

在上面的例子中，随着贸易的开放，每个国家生产的国内商品的相对价格都会逐步向世界价格靠拢。在 A 国，葡萄酒相对于布料的价格上涨；而在 B 国，布料相对于葡萄酒的价格上涨。相对价格的这些变化导致了生产的转移。根据赫克歇尔和俄林的观点，A 国的资源（土地和劳动力）从用于布料生产转移至葡萄酒生产，同时 B 国的资源从用于葡萄酒生产转移至布料生产。重要的是要记住，葡萄酒生产是土地密集型的。因此，在 A 国，葡萄酒产量的增加以及布料产量的减少将会增加对土地的总体需求，同时也将减少对劳动力的总体需求。最终结果是，要素价格（投入价格）随着 A 国土地价格（租金）的上涨而调整，而劳动力（工资）价格相应下降。在 B 国，布料产量的增加以及葡萄酒产量的减少提高了对劳动力的总需求，降低了对土地的总需求，从而导致工资的上涨和土地租金的下降。那么应该清楚的是，H-O 模型表明，各国内部丰富生产要素的所有者从贸易中获益，而稀缺生产要素的所有者从贸易中受损。因此，A 国的土地所有者（地主）因贸易而获得收益，但工人在贸易中受损；B 国的工人因贸易获得收益，而土地所有者在贸易中受损。需要指出的是，在 H-O 模型中关于要素在国家内部流动的假设，意味着不管生产资源使用于哪个部门，生产要素的所有者在贸易方面都会面临同样的命运。该观点最初是由沃尔夫冈·斯托尔珀（Wolfgang Stolper）和保罗·萨缪尔森（Paul Samuelson）两位经济学家提出的，通常被称为斯托尔珀－萨缪尔森定理。

保罗·萨缪尔森在后续的著作中进一步指出，在某些条件下，国家之间的自由贸易也往往会使各国之间的要素价格趋于均衡。这一要素－价格均衡理论的基础是，贸易实际上允许固定生产要素（fixed factors）在国家之间流动。因为劳动密集型商品从一个低工资国家出口到一个高工资国家，在增加高工资国家劳动力供给的同时，也减少了低工资国家劳动力的有效供给，所以，这两个国家的最终工资水平将会趋同。当我们考察某些特定类型工人的工资时，会发现不同国家之间存在显著差异。因此，（现实中）对要素－价格均衡理论的支持（案例）很少。然而，贸易经济学家指出，拥有相似技术的经济体之间在一定时期内的要素价格趋同。

H-O模型的通用性使其能够重新设定，以便将重点放在一系列有趣的问题上。例如，假设两个国家都分别投入技术劳动和非技术劳动来生产计算机和服装。我们设定其中一个国家拥有相对丰富的技术工人，而另一个国家的非技术工人相对丰富。计算机生产属于技术劳动密集型，服装生产属于非技术劳动密集型。结合赫克歇尔和俄林以及斯托尔珀和萨缪尔森的观点，我们可以预测，贸易将会使拥有丰富技术工人储备的经济体专注于计算机的生产，而将服装生产推向拥有大量非技术工人的国家。商品和要素价格将会调整，使得专注于计算机生产国家的技术工人的工资上涨，而非技术工人的工资下降。结果是，这个国家的工资不平等现象因贸易开放而加剧。在拥有丰富的生产服装的非技术工人的国家，非技术工人的工资将上涨，而技术工人的工资会下降，最后导致两类工人的工资水平趋同。这些观点激发了一些近期的实证研究，考察了来自像印度和中国等技术水平相对较低的发展中经济体的进口竞争对美国等发达经济体的工资不平等的影响（Rigby and Breau，2008；Autor et al.，2013）。

2.4 里昂惕夫悖论

重要的是，建立的理论模型须与我们在现实世界中观察到的经济模式有一定关联。投入—产出经济学（分析方法）的先驱——华西里·里昂惕夫（Wassily Leontieff）提出了对H-O模型的早期检验（Leontieff，1953）。利用1947年美国经济的进出口数据，里昂惕夫估算了每百万美元的美国进出口额所包含的资本和劳动力数量。与H-O模型相一致，他期望发现美国出口的产品是相对资本密集型，进口的产品是相对劳动密集型，以证实我们对美国和世界上其他地区关于相对要素丰度的理解。然而，与预期恰恰相反，他发现：美国出口产品中包含的资本与劳动力投入比例要低于进口产品中的这一比例。这个结果被称为里昂惕夫悖论。

后来，学者们对赫克歇尔和俄林的说法进行的测试则更为积极。例如，一旦我们区分了技术劳动和非技术劳动，那么就有可能表明美国属于技术劳动密集型产品的净出口国，以及非技术劳动密集型产品的净进口国。此外，如果放宽技术上没有国际差异的假设，那么我们也会发现，要素丰富的“有效”模式也可能发生显著变化。为解释这种现象，我们需要注意到，一种投入或者一种生产要素的生产效率在不同国家之间可能会存在巨大差异。美国的劳动生产率往往比其他大多数国家都要高，这是因为美国在基础设施（教育）和技术方面的投资较大，使得美国一般工人的产出普遍高于国际同行。这意味着，美国劳动力的有效（相对）规模大于美国工人的名义数量。所以，对贸易理论观点的检验应以要素投入的有效规模为基准。

2.5 贸易比率

每个国家获得的贸易收益取决于其贸易比率（terms of trade）。贸易比率是指一个国家出口相对于进口的价格。以图 2.3 中的 A 国和 B 国为例，A 国是葡萄酒出口国和布料进口国，那么可将其贸易比率定义为（P_W^W/P_C^W）；对于布料出口国和葡萄酒进口国的 B 国而言，其贸易比率为（P_C^W/P_W^W）。从图 2.3 中应注意到，若葡萄酒的世界价格相对于布料的世界价格更高，那么贸易后的世界价格线（P_C^W/P_W^W）将会更加扁平。然后，A 国将提高其 *PPF*，最终将出现高于 I_2^A 的无差异曲线。在这种情况下，A 国的贸易条件逐步改善，而 B 国的贸易条件将会恶化。如果一个国家的贸易比率不断提升，那么对于该国的每单位出口（产品）而言，就可以比之前购买更多的进口（产品）。

汉斯·辛格（Hans Singer）和劳尔·普雷比什（Raul Prebisch）两位经济学家提出了关于贸易比率的一个重要论点：普雷比什－辛格（Prebisch-Singer）假说。假说指出，随着时间的推移，初级产品的贸易比率相对于制成品而言将会逐步恶化。这一观点的主要依据是，制成品具有比初级产品更高的需求收入弹性。因此，随着全球收入的增加，对制成品的需求将会超过对初级产品的需求。普雷比什－辛格假说已经被用来解释许多欠发达国家在发展过程中通过注重出口初级产品实现转型发展所经历的困难。若把燃料、天然气以及其他稀缺资源从初级产品清单中剔除，有相当多的证据支持普雷比什－辛格假说。在 20 世纪的最后几十年里，廉价服装的贸易比率也不断恶化，使许多新兴经济体难以从低技术生产向高新技术生产过渡。

2.6 新贸易理论：贸易模型中的规模经济与不完全竞争

比较优势和 H-O 模型认为，各国开展贸易活动，要么是由于技术差异，要么是由于要素禀赋差异，或者两者兼而有之。这些模型的重要之处在于，它们能预测到贸易将会发生在彼此不同的国家之间。然而，若我们快速检索一下国家贸易数据，或者使用联合国的资源[①]就会发现，许多相互贸易的国家似乎非常相似。比如，美国、德国、日本和许多其他发达工业化国家之间的相互贸易，这些国家应用近乎相似的技术生产了许多相同种类的商品。事实上，美国经济分析局的报告已经显示，2014 年美国大约 19% 的出口流向欧盟国家；同年，21% 的美国进口产品也来自欧盟。当我们看到许多国家都在同时进口和出口同样的商品时，贸易故事就变得更加复杂和混乱。例如，2014 年，美国出口了大约 1460 亿美元的汽车，也进口了大约 3270 亿美元的汽车！这是产业内部贸易的例子。据估计，对美国和许多其他工业化国家来说，目前产业内部的进出口贸易流量占到其贸易总流量的 60%~70%。

为了阐释产业内贸易，我们需要另外一套不同于目前已经研究过的贸易模型。基于此目的考虑的产业内贸易模型，需要建立在两个重要的假设之上，即完全竞争和规模收益不变。在完全竞争条件下，我们假设有大量的相对规模较小的公司从事各类商品的生产。这些公司被认为是价格接受者，即它们对市场价格没有影响。规模收益不变意味着，如果某家公司将所有的生产投入翻倍，则其产出也将随之翻倍。换言之，调整产量不影响公司的平均成本，即公司平均成本保持不变。当我们转向解释产业内贸易时，将放弃这些假设，

① 联合国商品贸易统计数据库，http://comtrade.un.org。

转而倾向于支持规模收益递增和垄断竞争。在规模收益递增的情况下，生产投入翻倍，也将导致产出收益至少翻倍。因此，若回报率不断提高，（公司）生产规模扩大，平均成本将随之下降。当这些成本削减是被一家单独的公司获得时，可能是因（该公司）厂房建设和机器等固定成本被分摊在了更多的产出单位上，我们将其称为内部规模经济；当许多公司共享成本削减时，我们称之为外部规模经济，这可能是由公司在空间集聚时所带来的知识外溢结果。在接下来的讨论中，我们重点关注垄断竞争和内部规模经济。垄断竞争是指许多公司在销售同一产品的不同品类而相互竞争的市场，产品差异化使得个别生产不完全替代品的公司能够掌控整个市场的价格。

在同一个行业内部，各个公司生产的产品通常彼此雷同。在垄断竞争下，假设一个行业内有许多公司，并且这些公司生产的共同商品的品类略有不同。此外，还假设这些公司的规模收益递增。在没有贸易的情况下，一个行业内的收益递增意味着，一个国家在该行业内生产的产品差异化程度要小于整个世界范围内的差异化程度。正是在这种环境下，不断增长的收益才能转换为贸易收益。还需要这样一个假设：两国之间贸易开放，两国都有属于同一经济部门的公司在垄断竞争下运营。同样的，我们加入了没有贸易成本的假设。从短期来看，越来越多的公司（国内和国外）进入该行业，两国消费者（可消费）的产品小类也逐渐增加。反过来，这也意味着消费者对每类产品的需求变得更富有弹性（对价格更加敏感）。企业将通过降低价格和增加产量的方式来应对新的需求模式，以获取更多收益。并不是所有公司都能够在向国外竞争者开放国内市场的过程中生存下来。然而，和贸易前均衡相比，贸易后均衡通常拥有更多的产品种类和更加低廉的平均价格，消费者可以从价格下降以及行业内消费品种类增多中受益。

当单个公司的规模回报率不断攀高，以至于国际生产由极少数公司主导时，就会出现另外一种稍有不同的不完全竞争模型。民用飞机行业就是一个典型案例，民用飞机市场是一个由空客和波音两家公司主导的寡头垄断市场。在这类市场中，全球生产集中在少数几个以净出口为主的国家。寡头垄断市场中企业的初始位置通常是通过比较优势确立的，随着时间的推移，规模经济变得如此庞大，以至于它们会阻碍新的竞争对手再进入市场，即便这些竞争对手在同样规模的生产中比现有生产商的效率更高。

由于存在外部规模经济，市场往往由许多规模较小的公司组成。这样当一个产业在一个地方扩张时，将会带来效率的提高，而这些提高的效率将由在空间上聚集的多家公司所共享。随着贸易的发展，不断增加的需求可能会导致更多经济体进一步压低单位成本。与出口导致出口商品价格上涨的标准贸易模式不同，在外部规模经济条件下，国内和国外的消费者均可从贸易中受益。

2.7 新新贸易理论：全球外包

外包约定俗成的定义是，一家公司从另外一家不相关的公司采购一项服务或者成品的某个/些组件的行为，即生产过程的中间行为。当涉及的两家公司位于不同国家时，外包即被称为“跨国外包”；当一种商品的流动始终被限定在一家跨国公司内部时，跨国外包有时也被称为“离岸外包”。尽管我们缺乏关于中间产品和服务贸易方面的完整数据，但已达成的共识是，在过去的二三十年里，跨国外包显著增加，各国生产活动趋于分散化。[①] 这种增长通常和运输、通信以及关税成本的大幅下降有关，简言之，即贸易成本的大幅降低。

当我们开始考虑外包时，必须记住，大范围商品的生产涉及许多不同任务的协调，从研究和设计到各种组件的生产和装配，再到广告和销售。我们通常认为，这些任务组成了一个增值活动链，通过生产的多个阶段将大量的投入转化为成品。在我们迄今为止所考虑的贸易模型中，隐含的假设是：所有这些活动从始至终都发生在同一个公司内部。然后，我们研究贸易对整个行业增长或衰退的影响。比如，李嘉图的布料和葡萄酒模型，以及与经济进出口部门密切相关的要素市场。

在探索关于外包的新贸易模型时，假设一个国家不同部

① 《世界贸易报告（2008）：全球化世界贸易》。

门的公司可以自由决定自己从事什么样的生产任务，以及外包什么任务。不同任务可能需要某些特定的物质投入和不同的劳动力素质（高技能、半熟练、低技能）。只要各国在不同投入和/或劳动力质量方面相对有所差异，比较优势的存在就会促使各国决定将生产外包到国际上。同样，图 2.3 所示的标准贸易模型可被用来理解贸易基础。这里，不再设定图 2.3 中的 X 轴和 Y 轴代表不同商品的产量，而是将它们看成生产同一种商品所使用的不同组件或服务的量。在该模型的一个常见变化形式中，不同的投入本身被假定为，是使用不同数量的技能或非技能劳动生产的。然后，技术劳动力相对丰富的国家专门生产高技能密集型的零部件和服务，而其他国家专门生产低技能劳动密集型的投入品。在这种模式下，贸易是有收益的。

在上述关于 H-O 模型框架的讨论部分，概述了一个类似的模型，预测出口高技能密集型产品国家的工资不平等问题将会加剧，出口低技能密集型产品国家的工资不平等现象将会减轻。不幸的是，这些预判结果和很多实证经验是不一致的，事实表明，全球大部分地区高技能工人的相对工资都在上涨。不过，新的外包模型可以解释这些既定事实，方法是假设随着时间的推移，贸易成本持续下降，个别大宗商品中技术密集型的零部件生产将从高技能劳动力丰富的国家外包出去。这样的外包方式将增加外包国家对高技能劳动力的相对需求，同时，也将为低技能劳动力丰富的国家经济发展传输更多相对高技能的任务。因此，两国高技能工人的工资都将会上涨（Feenstra and Hanson，2001）。

至关重要的是，要设想这些外包模式中的贸易重点不是成品，而是中间产品和服务，即有些人所谓的单独工作任务。在这些模型中，贸易的影响并没有明显地体现在单个经济部门的增长或衰退上，而是体现在不同特质的、处于产品生产价值链不同阶段的公司和工人的绩效上。Baldwin（2006）和Blinder（2006）认为外包是一场新的工业革命，具有全球化的潜力，对全球经济活动格局产生巨大影响。尽管Baldwin对这种可能性持有乐观态度，但Blinder显然不这么认为，他担心来自美国等发达经济体的白领和蓝领工作岗位的出口。大学毕业生们可能也要考虑还将有哪些工作类型以及多少工作岗位留给他们。

专栏 2.1　贸易的引力或空间互相作用模型

在整个社会科学领域，有一个简单的模型，两个地方的相互作用取决于这些地方的面积以及它们之间的距离，这种模型通常被称为引力模型。遵循牛顿引力定律的基本论点，即两个物体之间的引力与物体的质量成正比，与它们之间的距离成反比。在经济学中，Tinbergen（1962）建立了一个引力模型，将各国的GDP作为“质量”的度量标准，来解释国家之间贸易流动的价值。

根据引力模型，两国之间的贸易流量应该随着GDP

的增加而增加，随着国家间距离的增加而减少。我们可以运用简单的数学形式，把这一关系表示为：

$$TRADE_{ij}=A\cdot(GDP_i\cdot GDP_j\cdot D_{ij}^{-n})$$

其中，$TRADE_{ij}$ 代表两个国家 i 和 j 之间的贸易（进口和出口）总流量，GDP 代表 i 国和 j 国的国内生产总值，D 代表 i 国和 j 国之间的距离。请注意，距离指标具有负指数，表明当距离增加时，贸易值将会下降。n 为指数，其大小在理论上没有明确规定，通常设置为一个值为 1~2 的常数，n 的值越高，意味着距离摩擦（衡量贸易成本的一项指标，比如语言障碍、制度差异）随着贸易伙伴之间距离的增加而加剧，即贸易伙伴之间每额外增加一个距离单位距离摩擦上升的速度变快。上述引力表达式等号右边开头的字母 A 只是一个比例常数，用来设置贸易平均值与引力模型平均值之间的基本比例关系。

引力模型相对容易理解，我们来看一个简单的例子：使用 2014 年的数据，展示美国对其全球贸易伙伴的出口情况。美国及其所有贸易伙伴的 GDP 数据被用来估算引力模型，国家之间的距离通过简单的欧几里得距离估算，使用经纬度标记每个国家的质心，并假设距离项的指数 $n=1$。

图 2.4（a）中的纵轴展示了美国与大约 170 个贸易伙伴国之间的出口值，横轴描绘了美国与其每一个贸易伙伴之间的引力方程的值。散点图的整体趋势为正，表明当美国及其贸易伙伴的 GDP 增长，或者随着美国与其

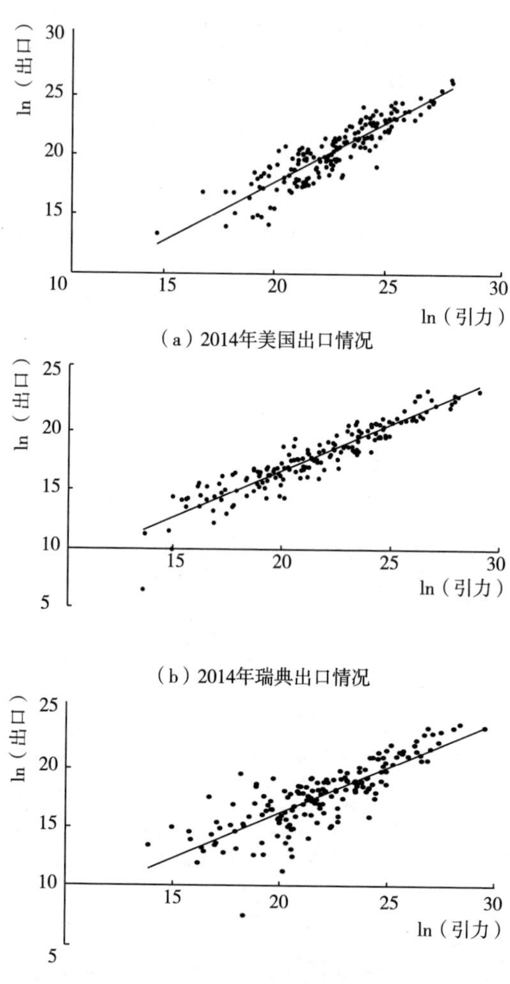

图2.4　贸易的引力模型

注：横坐标代表引力，纵坐标代表出口。

资料来源：贸易数据来自联合国商品贸易数据库，GDP数据来自世界银行，各国中心点坐标通过地理信息系统获取。

贸易伙伴之间的距离缩短，其预计出口值将会增加。大部分点围绕“最佳拟合线”集聚，表明引力模型的预测值和实际贸易流量值之间的拟合度很好。

同样的，图 2.4（b）和图 2.4（c）分别展示了在瑞典和印度尼西亚的引力模型中，贸易出口和预测值之间的关系。瑞典是一个相对较小的欧洲国家，也是欧盟成员之一。印度尼西亚是一个相对较大的新兴经济体。总体来说，这些数据表明，无论国家的规模大小和发展状况如何，引力模型的简单论点在预测国家之间相互作用程度方面表现优异。

2.8 小结

随着时间的推移，贸易理论有了长足发展。亚当·斯密和大卫·李嘉图的早期投入模型阐释了拥有贸易专业化的不同技术的国家可以从贸易中获益。赫克歇尔－俄林模型构建了一个侧重于要素丰度的贸易框架，这个模型在某种程度上已经成为帮助我们理解贸易、解释专业化模式以及一个国家内部不同的经济主体集团如何从贸易中得失的“主力军”。新贸易模型运用垄断竞争和收益递增的论点，解释了为什么拥有相似要素禀赋的国家之间彼此依然会开展贸易，这些论点的提出可以帮助我们理解在全球许多地方看到的产业内贸易的现实及其重要性。另外一种更新颖的观点，即所谓的"新新贸易理论"，探讨了中间产品和工作任务的外包，通常使用不同的企业模型来解释产业内部生产的零散化及其在全球经济中的分散化。贸易理论的最新变式探讨了连接不同国家的不同公司的离岸活动，在下一章中，我们的注意力将转向跨国公司及其公司内部在不同国家生产活动的分解。

本章要点如下。

（1）自由贸易的案例是通过亚当·斯密和大卫·李嘉图分别建立的绝对优势和比较优势模型发展起来的。比较优势表明，如果每一个贸易伙伴都专门生产他们拥有最大比较优势的商品，即机会成本最低的商品，那么自由贸易将会为每个贸易伙伴带来收益。

（2）赫克歇尔–俄林模型解释了贸易收益是如何在一个拥有两个国家、两种商品和两种生产投入的世界中分配的。该模型指出，当各国集中生产那些能够充分利用其丰富生产要素的商品时，贸易收益才会实现。在这个模型框架中，一个国家内部丰富生产要素的所有者将从贸易中获益，而稀缺生产要素的所有者则因贸易而蒙受损失。

（3）垄断竞争模型解释了为什么生产相同商品的国家之间仍会开展贸易。

（4）新的全球外包模式帮助我们理解生产任务的分散化，以及这些任务如何在全球经济中具有不同生产要素禀赋的国家间分布。

扩展阅读

1.《经济学人》杂志对比较优势进行了总体介绍，见 Schools Brief：《贸易的奇迹》,《经济学人》1996 年 1 月 27 日。

2. 世界贸易组织对贸易理论和数据有一个相对较新的概述,《世界贸易报告（2008）：全球化世界的贸易》，见 http://www.wto.org/english/res_e/booksp_e/anrep_e/world_trade_report08_e.pdf。

3. 联合国贸易和发展会议（UNCTAD）有许多关于全球化、贸易和发展的资料，见 http：//unctad.org。

参考资料

1. 纽约州立大学莱文学院对全球化的许多方面做了极好的介绍，包括贸易，见 http：//www.globalization101.org/teaching-tools/。

2. 关于贸易的收益和成本，更为正统的描述在以下网站可见 http：//www.economicsonline.co.uk/Global_economics/Why_do_countries_trade.html。

3. 贸易数据见联合国商品贸易统计数据库：http：//comtrade.un.org/。

4. 世界银行也提供了贸易的数据，并为不同国家提供了相关经济数据，见 http：//data.worldbank.org/。

5. 加州大学戴维斯分校国际贸易中心有很多关于贸易及与之相关的数据，见 http：//cid.econ.ucdavis.edu/。

第三章 跨国公司、贸易与全球经济

1970~2014 年，以 GDP 衡量，世界经济以年均 2.98%的速度增长（United Nation，2015）。同期，世界商品和服务出口年均增长率接近 5.5%。贸易（出口）和 GDP 之比的增加是衡量世界各地经济活动日益一体化程度的一个简单指标（但是，请注意：由于“双重计算”，国家之间生产的分散化会使贸易流的价值膨胀，本书将在专栏 3.2 中讨论）。1970~2014 年，全球贸易占 GDP 的比例从 10.84%攀升至 30.1%。现阶段的通货膨胀率是 20 世纪初期国际经济大规模扩张早期阶段的 3 倍多。21 世纪初期的全球经济在性质上也与早期的“公平交易”互动时期不同，商品生产以我们从未见过的方式融入世界许多国家。在 20 世纪的最后几十年里，曾经几乎完全包含在一个工厂内的商品生产任务已被分离并重新安置到不同国家的多个工厂中，理查德·鲍德温（Richard Baldwin，2006）称之为“第二次大规模分拆”。通信和运输方面广泛的技术提升促进了生产过程的协调和分散，使当今世界上的许多商品和服务都是在复杂的全球价值链中的不同阶段生产的。

这些全球价值链或供应链通常由跨国公司管理，跨国公司在其控制的附属公司、分包商和独立供应商网络内跨越国家边界运输货物和服务。据估计，高达 80% 的全球贸易是由跨国公司在其全球价值链的投入产出中进行的（United Nation，2013a）。

本章的目的是探讨跨国公司的兴起，以便更好地理解跨国公司在世界经济中的运行和重要性，尤其是它们在协调贸易中的作用。我们将分析跨国公司的出现及其成长的原因，探讨公司国际化的原因以及跨国公司如何组织其业务。本章首先分析这一问题是为了表明跨国公司在世界经济中的重要性，简要介绍跨国公司和外商直接投资增长的统计数据。然后讨论由跨国公司管理的全球生产网络的结构，分析跨国公司对世界贸易流动的贡献。本章最后是一个简要的小结。

3.1 跨国公司的起源和公司国际化的原因

在资本主义市场体系中，商品生产是在追求利润的驱动下进行的。由于市场变幻莫测，没有一家公司能够保证获利。一些公司试图通过控制市场来管理这种不确定性。然而，对大多数公司而言，竞争意味着它们只能控制投入转化为产出的方式，通过提高生产效率寻求优势。在这种竞争环境下，公司必须进行创新，开发新的商品和拓展新的市场，在新的地方进行试验，采用新的投入源、新的生产流程和组织程序，因为理论上其他的公司也在这么做。正是被市场竞争的不确定性所激发的对效率永无止境的追求，使得资本主义经济体系如此充满活力，并在个体企业的特征和行为上产生巨大的异质性。

在这一点上，我们认为“公司”本身的概念是没有问题的。自亚当·斯密（Smith.A.，1776）出版《国富论》以后，人们普遍将商品生产视为生产要素的集合，如土地、劳动力和资本（厂房和机械），以便将材料（和服务）从一种形式转化为另一种形式。当我们回顾过去时，很容易想象生产是被那些在消费之前对自然材料进行重新加工的人所主导的。亚当·斯密（1776）认为，公司的存在是因为它们在专业化和劳动分工的生产上比个体工人更有效率。因此，我们将公司视为由公司所有者组织的个体工人的集合。公司所有者通过不同的投入来生产满足市场需求的商品。在马克思（Marx，1867）看来，资本主义的商品生产过程包含了劳动的异化，个体劳动者从生产资料所有权（控制生产的资本）中分离出来，因此他们依赖市场来获取工资，以此作为对他们工作能力和劳动力的回报。

然而，为什么在公司内部组织生产？为什么不是拥有不同生产资料的人每天聚集到市场上，相互通过一系列的临时合同规定要执行的工作和报酬？科斯（Coarse，1937）认为公司的存在是因为交易成本。他认识到市场在资源配置方面的效率。但是他也指出，寻找工人和雇用工人进行谈判的成本高昂，可以通过协调无限期雇佣合同的方式来减少这些成本。在这种模式中，公司被认为是将劳动合同和其他投入内部化的法律实体，而不是依赖市场。

既然我们对公司的存在有了清晰的理解，需要注意的是，随着时间的推移，公司的规模、结构和位置都发生了显著变化。在资本主义生产的早期阶段，大多数公司规模相对较小，主要服务于本地市场，只雇用基本部门的劳动力。这些公司主要从事手工或者手工艺品的生产，由于人员和货物运输的成本相对较高，它们通常位于核心生产要素的附近，特别是劳动力。工业革命及日后的新技术发展，推动了新工厂生产体系的兴起，这种生产体系使企业的平均规模扩大，并使围绕专业化机械的劳动分工也在不断深化。公司为不断扩张的市场生产了更多的产品，至少在一定程度上是因为创新降低了运输成本。许多工业化国家出现了以产品为基础的空间劳动分工，从而形成了具有不同经济部门的城市、区域和国家。20 世纪初期，在核心资本主义经济体系中，出现了新的装配线（Fordist，福特制）生产系统，鼓励纵向一体化，并进一步推动了企业内部的劳动分工。随着新工厂迁出城市，公司的所在地发生了变化，由此促使了工人向日益增长的城市郊区大规模流动。此时的竞争与经济规模和市场规模直接相关。大规模生产需要大规模的消费，新的市场管制和协调制度被引入，国家在经济管理方面发挥了更加积极的作用。重要的是，要把资本主义市场经济中生产制度性质的这些变化，看作追求利润所驱动的竞争性试验。

市场规模和劳动分工之间的联系促进了19世纪末经济活动的早期国际化。随着蒸汽机在轮船和铁路上的使用，世界经济的各个部分更加紧密地联系在一起。诚然，有一些国家之间的联系是由殖民地债券驱动的，但无论其根源是什么，全球经济中贸易占GDP的比例都在急剧上升。将此看成全球化的早期阶段其实是错误的。因为尽管国际商品贸易、资本和劳动力流动都在迅速增加，但经济关联在很大程度上仍然保持着我们所认为的“臂长”。大多数商品仍然在一个国家内部从头到尾生产，然后在国内或国际市场上销售：国民经济几乎没有一体化。

这种情况在20世纪下半叶开始发生变化。到20世纪70年代，饱受战争破坏的经济得到重建，全球市场竞争加剧。大规模生产的效率仍然存在，现在至少以两种方式配置。第一，新的灵活积累制度使量产商能够根据不同的国家监管制度、消费者偏好和专业细分市场的需求来区分其产量配置。第二，信息和通信技术（ICT）的发展极大地降低了协调商品开发、制造和分销等不同阶段的成本，使生产活动及其供应在许多不同国家分销分散成为可能。通过高成本协调一系列的生产任务，将生产活动绑定在特殊区位的情况不复存在。基于不同投入的生产活动的分离是由于各地区在要素丰度和成本、市场结构和经济主体的知识生产能力等方面存在显著的地域差异。新的劳动空间分工已经出现，这种分工对产品本身的依赖程度较低，因为它更依赖于不同地方的技术和不同类型知识的可获得性。

生产的控制权仍然主要掌握在独立的公司手中。然而，公司却陷入了各种复杂的相互作用的网络当中，这些网络将它们彼此联系起来，公司合作和国家经济的界限变得难以确定。皮特·迪肯（Peter Dicken，2015）认为，全球经济的引擎是织这些“网”的跨国公司。这些跨国公司可以被认为是在多个国家拥有或控制增值活动的公司实体。我们通过丰田汽车公司的跨国案例来了解其生产业务的全球覆盖范围。2014年丰田汽车公司成为世界第二大汽车公司，在全球28个国家拥有54家海外生产子公司，生产了超过1000万辆汽车，并在170个国家进行销售。丰田汽车公司超过60%的总资产、64%的销售额和38%的全球员工都位于日本以外，这使得其2013年的跨国指数达到55%。

跨国指数是衡量跨国公司在其总部所在国家以外区域活动的直观指标。该指数通过三种比例的平均值计算得到：海外资产占总资产的比例、海外销售额占总销售额的比例以及海外员工数量占总员工数量的比例。

为什么企业要在多个国家组织生产活动？为什么企业要在发源地以外的国家建立子公司和伙伴关系？主流经济学在这个问题上相对沉默，部分原因是，标准的完全竞争模型难以解释单个企业在国际市场上复杂的文化、政治和法律体系下的竞争能力。1976年，斯蒂芬·海默尔（Stephen Hymer）

否定了完全竞争的假设，从产业组织的视角来解释企业海外竞争的优势。他认为如果企业拥有所有权的特定优势，就可以抵消在多个国家经营的成本和风险，那么它们就可以在国际市场上竞争。这些优势可能与规模（大公司可以产生规模经济）、特定技术优势、管理技能和卓越的营销能力等相关。邓宁（Dunning，1979）在其“折衷范式”或国际生产模型中拓展了海默尔的观点。该模型的第一部分是基于海默尔的所有权优势理论，之后增加了交易成本经济学，以分析企业在何种条件下将其优势内部化而不是在市场上进行交易（或许是以授权其他企业生产和/或销售其产品的形式）是有意义的。他提出，企业必须有特定区位因素使其更加有利可图，能够在国外进行优势内部化而不是简单地向国外市场出口商品。对于邓宁而言，当一家公司产生所有权特定优势，并选择将这些优势内部化，决定在国外寻求优势的时候，这家公司将成为跨国公司。

更多文献指出，跨国生产组织的两个主要驱动力是进入外国市场和获得外国资产（Dicken，2015）。但是，我们必须在这些因素之外增加一系列的战略考虑因素，使得外国企业更具吸引力。在市场准入方面，非常重要的是，过去50年世界经济的地理变化比前几百年更加显著。这些变化是人口的地理变化、独立和分裂与欠发达国家的快速增长以及国家控制经济向市场治理形式的过渡所导致的。扩大国外市场当然有可能仅仅依靠出口，但是关税和非关税贸易壁垒（见本书

第四章）为国际化提供了强大的动力。

在不确定的、瞬息万变的市场中，战略为跨国公司的出现提供了另一种动力。大众汽车采取了早期的国际化策略以对冲通货膨胀和德国马克的相对价值的快速增长。苹果、微软、通用电气和其他美国的跨国公司都在海外设立子公司，以避免美国相当高的企业税率。逃避特定国家的法律责任是跨国公司扩张的另一个原因。1984 年，美国联合碳化物公司（Union Carbide）在印度博帕尔（Bhopal）的工厂意外地发生了有毒的化学泄露，造成 3000 人死亡。印度政府对联合碳化物公司提起了诉讼，但是公司代表并未受到指控，在美国法院寻求赔偿以失败告终。印度政府最终与美国联合碳化物公司达成和解，母公司试图限制进一步的损害索赔，持续不断的诉讼导致印度分公司解散。

表 3.1 列出了 2012~2013 年按境外资产统计的全球前 20 名非金融类跨国公司。简要浏览这张表就可以清楚地了解到，优化生产过程中的要素投入是如何（至少在某些经济领域）推动跨国公司在全球扩张的。在表 3.1 中的前 10 家公司，有 6 家属于石油和天然气行业。对这些跨国公司和其他自然资源行业的跨国公司来说，进入稀缺的原材料属地是至关重要的。其他大多数的跨国公司严重依赖于生产要素，这些生产要素在世界各地分布不均衡。如熟练或不熟练的劳动力、知识、廉价能源，甚至是宽松的环境和劳工立法等。

表3.1　2012~2013年排名前20的非金融类跨国公司情况

公司名称	国家	行业	跨国指数
通用电气	美国	电子电气设备	52.5
皇家壳牌	英国	石油开采、加工与销售	76.6
英国石油	英国	石油开采、加工与销售	83.8
丰田汽车	日本	汽车	54.7
道达尔	法国	石油开采、加工与销售	78.5
埃克森美孚	美国	石油开采、加工与销售	65.4
沃达丰	英国	通信	90.4
法国燃气苏伊士	法国	公共事业（电力、燃气和水）	59.2
雪佛龙	美国	石油开采、加工与销售	59.5
大众汽车	德国	汽车	58.2
埃尼集团	意大利	石油开采、加工与销售	63.3
雀巢	瑞士	食物、饮料和烟草	97.1
国家电力公司	意大利	电力、燃气和水	56.6
E.ON AG	德国	公共事业（电力、燃气和水）	65.0
百威英博	比利时	食物、饮料和烟草	92.8
安赛乐米塔尔	卢森堡	金属和金属制品	91.1
西门子	德国	电子电气设备	77.9
本田汽车	日本	汽车	73.4
三菱公司	日本	批发贸易	40.6
法国电力公司	法国	公共事业（电力、燃气和水）	30.8

资料来源：United Nation，2013a。

跨国公司往往利用要素丰富的地理位置，因此必须支付不同的价格，以确保全球经济生产的关键投入。通常采取的形式是，将其业务的不同部分转移到能够最有效开发它们的地方。如上文所述，只有在劳动分工相对深入，以及运输和通信成本足够低，且不足以抵销成本节约时，这种分工才有意义。

正如很多个体企业都已经开始涉足跨国市场一样，世界上许多国家的经济严重依赖于跨国公司的活动。尤其是发展中国家，更是将跨国公司视为其资本投资、创造就业和技术扩散的来源。发达工业化国家也接纳来自其他发达经济体的跨国公司，而且越来越多地接纳来自新兴经济体的跨国公司。有些国家本身已经“走向全球”，其中一些国家通过主权财富基金（国有投资基金）将在本国领域以外的投资多元化。所有这些流动都提出了这样一个问题：谁控制特定领土内的经济活动以及“外部”控制对未来可能意味着什么？专栏 3.1 对新加坡经济的“外资所有权 / 控制权”进行了分析。

专栏 3.1　新加坡经济的所有权与控制权

新加坡是位于马来群岛的一个相对较小的城邦国家，曾是英国的殖民地，1965 年正式从马来西亚独立出来。尽管地理位置优越，在马六甲海峡咽喉处拥有一个受保护的港口，通过这个港口，大约 1/3 的世界海运贸易得以转口，但当李光耀成为新加坡第一任总理时，新加坡的经济增长备受质疑。李光耀建立了一个稳定的政府，主要由外国资本以外商直接投资（FDI）的形式谨慎地引导经济扩张。2014年，新加坡人口约550万，GDP约3080亿美元，人均GDP位居世界前十。

新加坡是世界上最开放或“全球化”的经济体之一，其贸易总额（进口额+出口额）与GDP之比约为2.5（根据世界贸易组织的数据，2013年全球这一比率略低于0.6）。新加坡严重依赖外资为其经济投资提供资金，在东道国外商直接投资中排名第六（United Nation，2015）。新加坡国内的生产与跨国公司全球价值链（GVC）活动相关。联合国贸易和发展会议（UNCTAD，简称“贸发会议”）估计，新加坡82%的出口依赖全球价值链，这一比重高于世界前25个出口国（United Nation，2013a）。跨国公司在新加坡经济中的突出作用，引发了有关该国经济所有权和控制权的重要问题。新加坡对全球资本流入、跨国公司和外国市场的依赖是否会使其在全球经济中变得脆弱，或者新加坡经济的跨国性是否为多极世界的弹性提供了衡量标准？

3.2 跨国公司的成长

全球经济的出现与跨国公司的数量和重要性的增加密切相关。起初，这种增加是断断续续的。当今的跨国公司可以追溯到国际金融机构的持股，如 15 世纪在欧洲各地经营的美第奇银行（Medici Bank），14~17 世纪联合和保护波罗的海和北欧商人的商业资本家协会汉莎（Hansa），以及出现在 16 世纪和 17 世纪的国家贸易公司。英属东印度公司、荷兰东印度公司和哈德逊湾公司就是国家贸易公司的突出例子，主要从事涉及他国食品、香料、毛坯和其他原材料的套利。皇家非洲公司以专注英国、西非和美洲的奴隶贸易而闻名。

直到 19 世纪中期，前文所述的跨国公司才真正出现在经济领域。事实上，威尔金斯（Wilkins，2001）指出，“只因有了蒸汽船、铁路和电缆……”对跨国公司的有效管理才成为可能。除了这些技术支撑，我们还可以改变有限责任法的性质，激发国际银行和股票市场的增长，从而限制风险，帮助企业跨越国家边界。跨国公司的早期增长大部分与确保初级材料供应有关。在美国，标准石油公司（Standard Oil，见本书第一章）和联合果品公司（United Fruit Company）的成长就是典型的例子。联合果品公司成立于 18 世纪末，垄断了中美洲大部分地区的香蕉生产，建立了一套新殖民种植园体系，并通过铁路和港口运输香蕉。尽管联合果品公司的政治纠葛也为其最终的灭亡埋下了种子，但与所谓的“香蕉共和国”——东道国政府的紧密联系，确保了该公司的成长。荷兰皇家石油公司（Royal Dutch Petroleum Corporation），后更名为荷兰皇家壳牌（Royal

Dutch Shell）成立于1890年，开发苏门答腊的油田，部分原因是与标准石油公司竞争，以确保世界各地的石油储量。矿业巨头力拓（里约热内卢的Tinto）、橡胶生产商邓洛普（Dunlop）以及可可和巧克力生产商吉百利（Cadbury）都是早期资源型跨国公司的典型例子。

第一批制造业跨国公司出现在19世纪后半叶。1855年，德国电气设备公司西门子（Siemens）在俄罗斯圣彼得堡开设了一家装配厂，主要生产电报设备，不久之后，一家子公司在英国也成立了。关税大幅提高之后，德国制药公司默克（Merck）在美国建立了生产业务。1867年，为满足英国市场对其产品的需求，美国缝纫机制造商辛格制造公司（Singer Manufacturing Company）在苏格兰建立了专门的生产工厂。加拿大、德国和俄罗斯的工厂也紧随其后。同样，当伊士曼柯达（Eastman Kodak）的出口无法满足欧洲不断增长的需求时，伊士曼柯达将制造业务扩展到了英国（Cohen，2007）。

两次世界大战和大萧条减缓了跨国公司在20世纪上半叶的扩张。然而，战后重建、新技术的涌现以及平均收入的持续增长，刺激了在世界经济中运作的跨国公司数量的迅速增加，至少在发达的工业化国家是这样。图3.1展示了1950年以来世界经济中跨国公司和外商直接投资（FDI）的增长情况。从所列出的全球GDP的数据可以看出，近期跨国公司以及与其有关的外商直接投资明显增长。外商直接投资是指以拥有或控制另一个国家的增值活动而进行的跨越国家边界的投资。外商直接投资与证券投资不同，证券投资是在不期望控制生产经营的情况下进行的。由于很难收集关于跨国公司活动的可靠数据，因此外商直接投资往往被用来衡量跨国公司的活动情况。作为国家核算和收支数据的一部分，国家间的资本流动已经被追踪了一个多世纪。

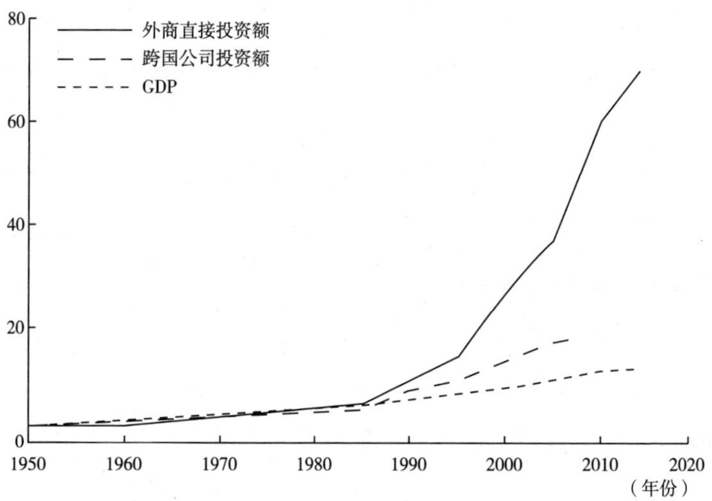

图3.1　跨国公司和外商直接投资的增长情况

注：纵轴代表增长指数，以1950年数据为1。

资料来源：贸发会议各年数据；麦迪逊项目2013年数据。

1870~1970 年，活跃在世界经济中的跨国公司数量增加了 3 倍，达到 7300 多家。在接下来的 20 年里，跨国公司的活动迅速遍布全球。截至 1990 年，在迅速全球化的世界经济中，大约有 37000 家跨国公司的母公司控制着将近 17 万家附属公司。附属公司是指由跨国公司作为母公司并至少拥有10%股权的外国公司。跨国公司往往通过各种形式的非股权安排，如分包合同，来控制关联公司。因此，对跨国公司业务的估计通常被认为低估了它们产生的影响。2009年贸发会议估算，截至2008年，世界上大约有82000家跨国公司指导着81万多家外国附属公司的活动。1980~2014年，跨国公司外国子公司的全球就业人数从2000万增加到7500万。与此同时，这些附属公司的实际产值（扣除通货膨胀）每年增长约7%，2014年达到7.9万亿美元，占全球GDP的10%以上。必须强调的是，贸发会议各年的数据显示，这些数字并不包括作为母公司的跨国公司本身以及未由股权控制的附属公司的活动。

外商直接投资的流量和存量数据是衡量世界经济中跨国公司活动增长的另一个指标。外商直接投资流量代表的是对跨国公司外国附属公司的逐年投资，而外商直接投资存量则是这些投资流量多年以来的累积。如图3.1所示，20世纪80年代以来，外商直接投资价值额度大幅度飙升。1970~2014年，全球的外商直接投资流入增加了18倍，其中1980年以来外商直接投资流入增加了14倍。1970年以后的外商直接投资数据可以从每年的贸发会议获取，但更早的数据则只能从其他渠道获取。外商直接投资具有高度不稳定性，因此即使是相邻年份，外商直接投资的流入量和流出量也呈现急剧的波动，反映了投资者对企业、行业和国家经济的预期。股票数据在很大程度上平滑了这些年度的波动。外商直接投资流入量，即从世界其他地方进入一个经济体内的外商直接投资的流量和存量，往往与流入一个经济体内的外商直接投资流出量的价值略有不同。通常认为流入的数据比流出的数据更准确。

在整个20世纪，外商直接投资的来源国和目的国发生了很大变化。20世纪初，英国是全球近50%外商直接投资的来源国，而美国是全球第二大外商直接投资的来源国，但这两个国家对外直接投资额仅占全球总额的15%多一点。其次是德国、法国和荷兰。第二次世界大战后，英国和美国的排位发生了逆转。20世纪60年代，在今天欧盟的前身——欧洲共同市场建立之后（见本书第四章），因担心可能会失去市场准入资格，美国跨国制造企业开始在欧洲建立生产业务。到20世纪70年代初，每年流出美国的外商直接投资额是流入的6倍，这引发了一种流行说法：全球化就是世界经济的美国化。20世纪80年代初，美国外商直接投资额约占全球直接投资额的40%，到2000年这一比例下降至25%左右，大致相当于现今。自2010年以来，欧洲在全球外商直接投资中所占的比例一直在25%~31%波动。就外商直接投资流动的地理来源而言，最近最显著的变化也许是发展中经济体的崛起。2000年，只有不到10%的外商直接投资是来自发展中经济体。到2014年，这一比例增长了2倍多，达到35%，其中约一半来自中国。

在20世纪初，拉丁美洲是世界外商直接投资的最大接收国，约占所有资金流入的1/3。亚洲国家吸收了全球20%略多一点的外商直接投资，西欧和美国都接收了大约10%的外商直接投资。正如上文所述，许多资金的投入，特别是流向拉丁美洲和亚洲的资金，集中于初级资源的勘探开发。从1960年至20世纪80年代初，外商直接投资额的增加主要是针对市场准入，并由发达市场经济所掌握。尽管流向美国的外商直接投资额一直稳步增加，但仅为流向欧洲的外商直接投资总额的一半左右。这一时期流入拉丁美洲、亚洲和非洲的外商直接投资额急剧减少。直到20世纪末，欧洲仍然是外商直接投资的首选目的地，吸收了大约35%的外商直接投资，但美国仍然是外商直接投资流入量最多的国家。到20世纪90年代初，由于工业化国家越来越多地寻求进入成本较低的制成品装配地点，一些亚洲国家获得外商直接投资的金额增加。到21世纪初，吸引跨国公司和外商直接投资成为亚洲、非洲和拉丁美洲大多数低收入经济体发展战略的一个更重要的组成部分。越来越多的外商直接投资由工业化国家的制造业和服务业工作岗位的离岸转移所推动。到2014年，这些流动规模更大，以至于发展中经济体吸收了全球超过55%的外商直接投资，并且中国内地和香港的外商直接投资流入量都超过了美国。到2015年上半年，印度超过中国成为吸收外商直接投资最多的国家，流入发展中经济体的外商直接投资发生了更大变化。

表3.2对外商直接投资流动的来源和目的地做了说明，展示了1980年特定国家及地区的外商直接投资流入和流出的累

计存量。表3.2中的数值与上面的讨论大致相符，不过值得注意的是，投资流数据的变化越来越快。例如，截至2010年欧盟累计对外直接投资比例超过40%，而其当年的对外直接投资流出比例为43.8%。此外，对发展中国家而言，由于近些年来发展中国家对外直接投资的流动加快，其累计对外直接投资在全球所占的比例需要若干年才能赶上其资金流动所占比例。

表3.2　外商直接投资流入和流出存量的比例

单位：%

国家和地区	流入存量				流出存量			
	1980年	1990年	2000年	2010年	1980年	1990年	2000年	2010年
发达国家和地区	75.6	74.0	68.5	65.3	96.9	95.3	87.8	82.3
欧盟	42.5	39.2	37.6	36.0	40.7	45.2	47.1	43.8
日本	0.7	0.6	0.6	1.1	3.7	11.7	4.7	4.1
美国	16.8	22.1	21.7	18.0	42.0	25.1	20.8	23.7
发展中国家和地区	24.4	25.8	30.3	31.1	3.1	4.6	11.9	15.3
非洲	3.9	2.1	2.6	2.9	0.2	0.7	0.3	0.6
拉丁美洲及加勒比地区	8.9	6.2	9.3	9.0	1.7	1.1	1.9	3.6

续表

国家和地区	流入存量				流出存量			
	1980年	1990年	2000年	2010年	1980年	1990年	2000年	2010年
亚太地区	11.7	17.5	18.4	19.2	1.2	2.8	9.7	11.1
中欧和东欧		0.2	1.2	3.6		0.1	0.3	2.4

注：表中数据指外商直接投资所占的比例，这些比例在贸发会议不同年份的《世界投资报告》中差别很大。

资料来源：贸发会议各年发布的数据。

跨国公司的活动传统上集中于特定的经济部门。在20世纪上半叶的大部分时间里，外商直接投资主要是针对初级资源，例如，确保获得石油和天然气、用于制造业的矿石和矿物以及农产品。在20世纪下半叶，外商直接投资更多地集中于制造业，到1990年则集中于服务业。外商直接投资存量在第一、第二（制造业）和第三（服务业）产业中的比例分布如下：1975年为24%、42%、34%，1990为12%、40%、48%，2000年为8%、35%、57%，2012年为10%、27%、63%。服务业中外商直接投资的增长与近几十年来就业和GDP对服务业的重新定位相一致，服务业的重新定位主要是通过对金融业、保险业的投资以及近些年对信息技术产业、公用事业（石油、天然气和电力供应）和零售业的投资实现的。需要指出的是，服务业中外商直接投资的增长在发展中国家和在发达国家一样显著。

3.3 全球生产网络和商品价值链

跨国公司如何在动态的全球经济中组织其活动？对我们来说思考这个问题是很重要的，因为跨国公司的运营结构及其与外国附属公司、非控股企业和其他经济主体、机构的关系对全球经济中的跨国贸易、商品交换及服务流动有着重要影响（当然，非跨国公司在其所在国家之外买卖货物时，也会对国际贸易做出贡献）。虽然与整体商业机构相比，跨国公司在数量上相对较少，但其提供了多种不同的结构和组织形式，这些特征反映出跨国公司所从事行业的本质（商品生产的实体需求和消费者的期望）、经营所在地的情况（所在城市、国家和地区的体制及监管结构）及其发源地的商业文化。虽然日本管理顾问、超全球化主义者大前研一（Keniche Ohmae，1990）推崇由无地区限制的跨国公司支配的无国界的全球经济，但多雷米等（Doremus，1998）试图打破全球公司的神话，指出跨国公司的起源地对企业行为会产生持久影响。迪肯（Dicken，2015）提出了日本企业集团和韩国财阀集团的特点，日本企业集团是从事多元行业的不同企业的相互结合，韩国财阀集团则形成的是家族化、垂直管理的生产网络，并阐述了它们与中国以及欧美国家常见的企业组织模式的不同。

大部分关于考察全球经济结构的研究以及考察跨国公司

与其他公司之间关系、用以调节市场的国家与非国家机构之间关系、生产与消费发生地和生活场所之间关系的研究都使用了"商品价值链"的概念。继Gereffi和Korzeneiwicz（1994）之后，Sturgeon（2001）主张，商品价值链确定了一系列活动，这些活动涉及将特定的产品、服务或有形的商品从一个概念转变为市场中的商品甚至后续的过程。图3.2展示了商品价值链中的关键步骤，从研究与开发开始，通过原材料采购，再进行生产、经销和销售。这些环节可以通过研究产品处理和再利用的生命周期来扩展，并且他们认识到许多相关的活动，如财务、运输、物流、广告和售后服务，对整个价值链的运营非常必要。当这些商品链在国际维度上运行时，即产生了

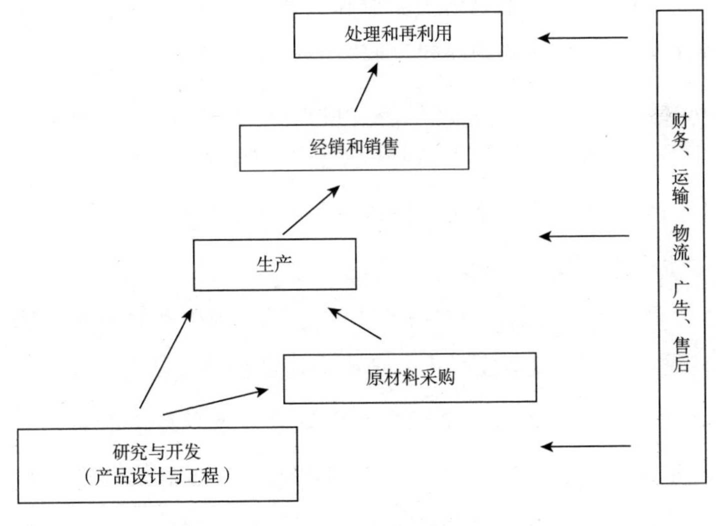

图3.2 全球商品链

资料来源：Gereffi等，2005。

全球商品链（GCC）的概念。与全球商品链有关的文献资料中最令人感兴趣的是，商品链中的不同步骤应当位于何处，从事不同工作的公司是如何共事，以及整个商品链是如何管理的。

与全球商品链密切相关的一个概念是全球生产网络（GPN）。GPN也关注企业组织、地域属性和增值活动的协调（Coe et al.，2004）。2015年，Coe和Yeung指出，GPN克服了商品链模型的线性，更好地反映了领域内外企业和非企业主体之间以及不同商品生产系统之间的多重联系。GPN框架的支持者还声称，随着企业和其他政治经济主体争夺经济和政治权力的分配，全球生产安排的活力正被重新划分。对我们来说，GPN更容易被理解为企业和其他经济主体、国家和非国家机构，通过在各种空间尺度上的运作，对经济价值的创造和分配产生影响。由于跨国公司越来越多地在协调和控制这些全球网络和由此产生的贸易流动方面发挥主导作用，因此我们转而研究跨国公司如何组织和协调它们或多或少介入的全球商品链或生产网络。

生产网络把许多大型和小型公司、国内和跨国公司联系在一起。根据商品链上各项生产活动的分配情况，这些公司以不同的方式与一个或多个网络合作伙伴产生联系。而产品及其工艺技术、生产成本的地理差异、后勤和体制因素以及驱动所有这些参数不断调整的竞争力量，又反过来形成了生产活动的分配。全球生产网络的运作受到各种跨国公司的强烈影响，这些公司往往控制着它们的组织和协调。这些跨国公司必须选择在商品链上的哪些工作可以自行解决，哪些工作应外包给其他公司，外包应采取何种形式，应如何管理外部伙伴，以及生产网络的不同增值组成部分应设在何处。

我们必须区分跨国公司在生产网络内经营时所从事的两种不同的交易。将在跨国公司边界内发生的交易称为内部交易，将那些跨越跨国公司边界并涉及跨国公司与没有股权的其他跨国公司之间的交易称为外部交易[①]。内部交易不是由市场密切协调的，而是由跨国公司总部控制的，其结构是为了实现各种目标，如降低生产成本、获取和保护跨国公司特有的知识或限制较高税率对利润的影响。考虑内部事务的一种方法是把重点放在连接组成跨国公司的各个机构的关系和交流上。虽然这听起来很简单，但由于有时很难确定跨国公司的边界，因此情况就复杂多了。虽然很明显，全资子公司，无论是国内还是国外的公司，都属于这个跨国公司的一部分，但如何定位由一个或多个跨国公司持股的附属公司就不那么容易了。从历史上看，跨国公司的核心职能，如制定公司战略、财务决策和研究与发展，是由跨国公司总部执行或与跨国公司总部有密切联系的，而生产和销售业务则分布在若干国家。但是，由于国际市场日益分化，许多工业部门

① 贸发会议在《2011年世界投资报告》中探讨了跨国公司的非股权模式的重要意义。

出现了新的知识生产地点，跨国公司越来越多地依靠其设在不同国家的全资子公司和附属公司来收集市场情报，发展技术。通过这些方式，跨国公司本身的核心职能在地理上也更加分化。

跨国公司的外部交易可以采取若干不同的形式，包括与多方进行相对短暂的独立交流，与分包伙伴建立更稳定的外包关系，建立战略联盟和合资企业。当跨国公司和不相关的公司之间进行短暂交易时，我们认为这种交易主要受竞争市场的支配。此类交易通常涉及高度标准化的商品。如果跨国公司需要常规化的投入，具有特定品质的生产材料，它通常会寻求一个外部伙伴来提供这些投入。独立公司，包括跨国公司，将生产特定商品、物品或服务所需的部分或全部任务外包的过程称为分包。有些公司把生产成品所涉及的所有任务都外包出去，然后以自己的品牌销售。这在家用电器行业和服装行业很常见。这种依赖大型分包商网络的典型例子是戴尔和耐克。在其他情况下，公司为了保证对关键或敏感任务的内部控制，只外包一部分生产阶段。企业网络也通过战略联盟和合资企业产生。战略联盟是某一公司决定共享其资产子集以达到特定目标时形成的（与完全共享公司资产的并购不同）。常见于有必要集中资产但公司又要求保持其独立身份的情况。如航空行业，各个航空公司结成联盟来共享代码并以自己的名义卖出更多航班，共同分担一些地面处理、维护、登机和营销成本。建立合资企业的原因与建立战略联盟的原因有许多相同之处，其目的是将单个企业的优势结合起来，共同承担开发高风险技术的成本或开拓新市场。与战略联盟不同的是，合资企业是由相关合伙人出资组成一个新的公司实体。流媒体网站 Hulu 就是一家著名的合资企业，由美国电视公司 NBC、福克斯（Fox）和迪士尼 - ABC 共同推出。

基于资源的企业观（Resource-based views of the firm），Barney（1991）认为，个体经济主体具有不同的职业技能，这些技能实际限制了他们所能从事的盈利创造价值的经济活动类型。独立的公司，包括跨国公司在内，不具备有效地将整个商品链内部化的能力，即使有也很少。跨国公司将全球商品链中的一部分内部化并将其他部分外包的一个简单模型，也是基于本章前面已经提到过的交易成本模型。Gereffi 等（2005）认为，跨国公司更有可能将涉及标准化产品的工作外包，因为公司之间对这部分工作的合同一般写得较为简单，并且由于市场上大量公司都具备生产这些产品的能力，市场本身就能够有效地管理这类合同。而定制产品和服务通常对技术要求更高，将这些工作外包出去需要对特定交易进行更高水平的投资，并且还会导致更大的机会主义的风险。因此，这些活动更有可能在跨国公司内部进行，或由长期战略合作伙伴进行。基于这些论点，Gereffi 等（2005）确定了五种不同形式的全球生产及协作模式，它们包含公司内部和公司之间交易的不同组合（见表 3.3）。这些形式在所涉及工作的复杂性、技术需求和事务需求能够被规范化的程度以及供应商的能力等方面存在不同。生产网络治理模式的两端分别是市场和垂直整合的企业，另外三种网络治理类型构成了表3.3中突出显示的框架核心。

表3.3　国际生产和管理网络的不同形式

生产和管理网络的形式	交易复杂性	交易规范化能力	供应商能力	协调指数和不平衡指数
层级制度 垂直联系的公司，投入和产出控制紧密	高	低	低	高 ↕ 低
管理能力 能力有限的供应商受到主导企业的严格控制，促进交易依赖	高	高	低	
关联性 与专业供应商的复杂交易导致相互依赖	高	低	高	
模块化 如果架构离散，已经编纂好的技术标准和成熟的供应商可以提供完整的产品或模块	高	高	高	
市场 交易规范、简单，对买家卖家来说交易成本低	低	高	高	

资料来源：Gereffi等，2005。

3.4 在全球生产网络中获取价值

第五章将探讨国际贸易与发展之间的联系。本章作为这一讨论的简短前奏，重要的是要注意到，跨国公司在将投资、就业和经济增长分散到全球经济不同部分时所发挥的作用。通过从事外商直接投资或从独立的外国公司取得投入，跨国公司使资本投资和就业机会跨越了国家边界。在收入相对较低和筹集国内资本潜力有限的发展中国家，这些流动可以在资本形成方面发挥重要作用。价值链内企业间知识转移的可能性以及东道国企业和工人吸收这些知识的可能性也加大了长期发展的预期。

这些预期能否实现取决于诸多因素，包括价值链的各个部分分别位于哪些国家，以及东道国经济将价值链资源整合和利用到其他经济领域的能力。虽然跨国公司的能力确保它们能够继续控制增值活动的分配，但这些活动的地域分配也许从未像现在这样充满不确定性。在这方面，国家政策对于保持长期生产能力和发展前景至关重要。从教育到资本市场和劳动力市场监管，再到贸易政策，各国形成了影响其如何参与全球生产网络以及这种参与对社会不同群体是否有积极影响的制度结构。第六章将进一步讨论这种影响。

3.5 跨国公司和贸易

在本章中，我们已经讨论了跨国公司在全球经济中的出现和成长。我们在这本关于贸易的著作中对跨国公司的兴趣反映了这样一个事实：由于跨国公司控制着不止一个国家的经济活动，它们的业务对世界大部分地区的贸易流量和方向均产生了巨大影响。这种影响有多大？2010 年，全球商品和服务出口总额约为 19 万亿美元。其中，约 6.3 万亿美元的出口额是在跨国公司与其全球附属公司之间流动的（内部交易），另有 8.7 万亿美元的全球出口由跨国公司的短距离交易或与非股权伙伴的贸易（外部交易）产生（United Nation，2013a）。因此，估计有 80% 的世界贸易额（出口总值）与跨国公司控制的全球生产网络有关。

在不同的经济部门和不同的国家内，跨国公司在指导贸易方面的作用各不相同。在自然资源加工部门，跨国公司在全球生产和贸易中占主导地位，主要原因是资源的勘探成本太高。在制造业内部，与跨国公司相关的贸易主要集中在汽车和电子等生产任务更容易分离的工业生产中。此外，人们普遍认为，全球跨国公司在服务贸易中的重要性日益增强。提及地理因素，目前的商业报告（Survey of Current Business）调查显示，美国跨国公司约占美国出口额的 48% 和进口额的 42%。若把外国跨国公司在美国的活动数据也纳入统计，大约有2/3的美国进出口额是由全球跨国公司控制的（Barefoot，2012）。贸发会议估计，跨国公司对法国贸易的推动和影响与美国的情况类似，但对中国贸易的影响更大，另外，日本90%以上的商品和服务出口可以和跨国公司的活动挂钩。

专栏3.2 双重计算和增值贸易措施

经济中所有商品和服务的生产都涉及各种投入的消耗。对大多数生产活动来说，能源、原材料和劳动力的投入显然是至关重要的。当位于不同地方的公司之间的商品生产日益分散时，考虑中间产品或半成品的投入就变得越来越重要。在大多数情况下，公司生产的产品价值大于它们所消耗的原料价值。事实上，如果情况并非如此，那么经济活动将毫无意义。企业产出（收入）的价值与其购买能源和材料（包括中间投入）的价值之差称为附加值。企业的总产值可以等于企业的收入，但企业的净产值等于企业的增加值。如果我们把一个国家内部所有公司在单位时间内的增加值加总起来，比如一年，那么结果就是这个国家的增加值，也就是该国经济活动在这一年里增加的新价值。这个数字通常被定义为该国的国内生产总值（GDP）。

让我们暂时假定公司在一个国家内生产产品，并购买在同一国家内生产所需的所有原材料。如果这些公司只能在它们所在的国家内销售它们的产品，就没有出口，一个国家的GDP就受到国家市场规模的限制。通过出口，一个国家可以增加其销售总额，从而提高GDP。在这个简单的模型中，出口增加了就业，增加了出口国创造的净财富。

如果我们放宽这些假设，允许跨国公司在多个国家生产不同阶段的产品，那么一个国家的出口总值、GDP和增加值之间的简单关系就会被打破。要了解这一点，请考虑下面的示例。

如表3.4所示，从原材料提取到加工、制造，再到最终消费，一个商品的价值链经历了四个阶段。每个阶段都位于不同的国家。我们忽略每个国家在生产过程中所消耗的能源和材料的成本，只关注每个国家创造的附加值。假设国家1的公司提取原材料并出口到国家2，在这个过程中创造了5个单位的增值。因此，国家1提供价值5个单位的销售货物，这些货物出口到国家2。在国家2，原材料要经过加工。假设商品转换的这一阶段增加了5个额外的增值单位，在第2个国家出售的货物总价值为10个单位。注意，这个价值的5个单位源自国家1的生产活动。国家2将其产出出口到国家3，以便在制造阶段进行进一步加工。我们再一次假设，下一阶段的加工过程将使销售商品的总价值增加5个单位的附加值。因此，国家3出售价值15个单位的货物，然后出口到国家 4 以供最终消费。世界范围内的出口总价值为 30 个单位。然而，表 3.4 只创造了 15 个增加值单位。因此，出口总额的 50% 来自对国家 1 和国家 2 增加值的双重计算。

表3.4　出口的双重计算

国家 / 指标	原材料提取	加工	制造	最终消费	出口额	国内增加值	双重计算的增加值
国家 1	5				5	5	0
国家 2		5+5=10			10	5	5
国家 3			10+5=15		15	5	10
国家 4				15			
总计					30	15	15

这似乎是一个微不足道的例子，但它反映了世界贸易数据的现实，这些数据是基于总量而非净流量。因此，仅审查进出口很难理解个别国家在当今世界经济的全球生产网络中所起的作用。随着全球价值链长度（半成品跨国运输的次数）的增加，上述双重计算问题变得更加严重。利用追踪增值贸易的新数据库，有可能计算出不同行业和国家对全球一体化生产网络的依赖程度，以及贸易流动所包含的增值在不同国家创造的比例。

3.6 小结

本章讨论了生产地理随资本主义市场经济的变化，探讨了公司存在的原因、生产组织的变化及地理位置，并概述了一些公司成为跨国公司的条件。通过分析外商直接投资和与跨国公司有关的贸易及就业数据，跟踪了跨国公司的成长及在全球经济中的重要作用。

这些数据表明，全球贸易体系并非在一个国家生产商品和服务，然后出口到世界各地的公司之间的远距离交易所能简单解释的体系。当代全球经济在很大程度上受到跨国公司活动的影响，这些跨国公司分散了对位于许多不同国家的多个合作伙伴的研究、生产和销售业务。这一现实对正统贸易理论解释当今全球生产模式和贸易的空间组织是否有用提出了质疑。

从上面的讨论可以清楚地看出，跨国公司管理的全球生产网络汇集和连接了世界经济不同部分的资本、劳动力和其他资源池。各种生产投入的重要性、可替代性及其相对的移动性将生产网络的各个部分与特定地点联系起来。只要不同的地方（工人、公司和更广泛的机构）能够抓住这些细分市场，它们就能够在较短或较长时间内锁定经济增长。然而，竞争的不断加剧、技术和需求的快速变化，意味着越来越少的地方能在未来得到长期保障。在这种充满活力的环境中，国家机构制定有效的贸易政策和阻碍经济增长的能力越来越困难。我们将在之后两章中讨论这些问题。

本章要点如下。

（1）全球经济的起源与跨国公司的出现密切相关。这些公司拥有或控制跨国生产业务。

（2）根据邓宁的理论，当一家公司形成了所有权优势，并选择将这些优势内部化，且在国外实施其优势时，它将成为一家跨国公司。

（3）过去几十年，跨国公司的发展极其迅速。这导致了生产过程的碎片化，并将其整合到将工人、公司和整个国家与全球经济联系在一起的复杂网络或价值链中。

（4）跨国公司的活动在世界贸易和资本流动中占据着越来越大的比例。

推荐阅读

- 全球政策论坛的网站上有许多关于全球化和跨国公司的论文，列在“社会和经济政策”栏目下，见 https：//www.globalpolicy.org/home.html 上找到。
- 贸发会议有专门讨论跨国公司活动的期刊，见 http：//unctad.org/en/pages/diae/research%20on%20fdi%20and%20tncs/transnation-corporations-journal.aspx。

参考资料

1. 如欲计算增值贸易，请浏览以下网页：

IDE-JETRO：http：//www.ide.go.jp/English/Data/index.html；

OECD/WTO：http：//www.oecd.org/sti/ind/measuringtradeinvalue-addedanoecd-wtojointinitiative.htm；

UNCTAD-Eora GVC Database：http：//unctad.org/en/PublicationsLibrary/diae2013d1_en.pdf。

2. 贸发会议网站（http：//unctad.org）包含许多关于全球化、外商直接投资和跨国公司活动的资源，参见《世界投资年度报告》。

3. 粮农组织对如何进行价值链分析提供了一个很好的概述，详见 www.fao.org/docs/up/easypol/935/value_chain_analysis_fao_vca_software_tool_methodological_guidelines_129en.pdf。

4. 杜克大学的全球价值链计划提供了大量关于价值链分析的信息，详见 https：//globalvaluechains.org。

5. Sourcemap 关于供应链分析和映射的更多信息见以下网址：http：//www.sourcemap.com；http：//www.sourcemap.org。

6. 全球交流是一个关注全球化进程及其影响的国际人权组织，参见 http：//www.globalexchange.org。

第四章　贸易治理

1988年，美国总统罗纳德·里根（Ronald Reagan）在他的国情咨文中宣称："我们应该永远记住：保护主义是破坏主义。美国的就业、美国的增长、美国的未来都取决于贸易——自由、开放和公平的贸易。"里根之后的美国总统在外交政策上普遍支持自由贸易。然而，在18~19世纪的大部分时间里，美国被保罗·贝洛赫（Paul Bairoch，1993）描述为"现代保护主义的母国和堡垒"。因为与欧洲和亚洲距离较远，并且拥有庞大的国内市场，所以美国出现了这种状况。美国不同经济部门对贸易政策的需求也各不相同。一方面，美国东北部的实业家希望保护他们的工业产品；另一方面，由于全球范围内农产品供过于求，农产品出口价格不断下跌，南方的农民反对保护主义。最终，实业家赢得了胜利，美国在1930年实施了《斯穆特－霍利关税法》（The Smoot-Hawley Tariff Act），对来自农业和制造业的进口实施了前所未有的限制。同时，约25个国家提高了自己的贸易壁垒，国际贸易崩溃，加剧了大萧条。

本章将描述保护主义的理论基础和工具、制度理论，以及为防止贸易政策退回到20世纪30年代的保护主义而创建的治理形式。正如贝洛赫所言，很难找到一个真正实行自由贸易的国家。19世纪中叶，英国和法国都接近于实行自由贸易，虽然它们的关税很低，但也从未完全取消。因此，当前关注的重点是通过管理机制，特别是通过建立专门机构来实现更自由的贸易。在已经建立的机构中，世界贸易组织（World Trade Organization，WTO，简称“世贸组织”）是规模最大、最成熟的机构。另外，两个或两个以上国家之间通过双边和区域自由贸易安排，也为开放贸易做出了一定的努力和贡献。

4.1 制度理论

如果保护主义如自由贸易倡导者所声称的那样损害贸易，那么贸易自由化，即消除关税和其他相关壁垒（见专栏4.1），应该会产生相反的效果。在《斯穆特－霍利关税法》出台后，世界贸易出现萎缩，美国和英国急于防止再次出现如此严重的经济损害，共同努力建立了一个促进贸易自由化的国际组织。《关税及贸易总协定》（GATT，简称《关贸总协定》）就是这种努力的结果。为了理解关贸总协定及其继任者——世界贸易组织存在的理由，我们需要理解建立体制的理论依据。为此，我们主要从政治经济学的角度以获取相关的见解。

国际贸易涉及经济主体（如组织和公司）之间的互动，以及来自不同州或国家的精英之间的互动。在本节中，我们将使用“state”而不是“country”来描述跨国贸易互动。这是因为，“state”（国家）代表着某种地理的元素，它包括个人，通常是政治和政府精英，他们被赋予权力（因为担任公职）来做出影响社会的决策。由于国家在资源、市场准入和所拥有的信息方面存在地理上的差异，当国家作为经济主体进行贸易互动时容易发生冲突。这种地理上的差异意味着各国在国际货物和服务贸易中有一定程度的不确定性。对不确定性的反应取决于国家利益和国内集团的压力，这可能为贸易冲突开辟了空间。制度理论为解释如何减少贸易冲突提供了理论基础，因为制度使得贸易互动以更容易被预测的方式开展。

对“制度”最广泛的理解是，它由一组规范和规则组成，这些规范和规则描述并规定了参与者的行为。规范可以是非正式的，是由在地理上嵌入社会关系网络的一系列文化实践发展起来的。规范也可以是正式的，具有独特的形式、过程和权限的官僚特征（Selznick，1996）。当贸易活动以一种正式的形式进行时，它们往往是稳定的，具有与技术活动相关联的相对明确的能力。这种稳定来源于规则的约束，而规则又通常由法律予以明确，法律规定了政治精英和经济行动者应如何在竞争与合作的背景下相互作用。每种制度都会形成一套自己的治理模式或组织模式，以引导其成员实现各种目标。然而，如何解释建立制度的动机以及与制度建设有关的利益，各个学派各不相同。下面介绍三个学派。

第一个学派：新自由主义。该学派认为，由于国际市场的特点是高交易成本，制度的目标是降低这些成本（North，1990；Keohane，1984）。如第三章所言，交易成本是指收集和监控信息的成本。当一个国家与品位和文化不同的别国进行贸易时，信息成本很高。当对从别国进口商品的质量信息难以检测时，交易成本也可能很高。此时，通过协议、条约或既定规范提供一套规则，成员获取的信息增加，交易成本也会随之降低。新自由主义学派的支持者认为，各国（state）的行为都是出于自身利益，这阻碍了它们发展共同利益。通过建立制度，它们将减少不确定性而享受到交易成本降低的好处。使贸易活动制度化的最大好处是，信息流动的增加将促进精英官员和经济行动者学习多边主义对国内利益和社会实践的优点。通过学习达成共识，认可通过形成交易惯例、交易流程和纠纷解决方式来稳定贸易活动（Mantzavinos et al.，2004）。由于成员学会了以合作取代冲突，最终对国际贸易产生了积极影响。

第二个学派：新功能主义。可以追溯到20世纪60年代，最近有所复兴（Cini and Borragan，2013）。该学派认为，制度促进了国家间区域一体化的更大目标。以欧盟一体化为例，随着20世纪60年代全球化的加强，经济问题的跨国影响也变得更大，如国际贸易、食品安全和环境污染，这些问题需要新的跨国解决方案（这些问题将在第六章进行阐述）。但让各国放弃国家主权并非易事。因此，新功能主义者建议由超国家机构来行使国家的关键经济职能，从而启动这一进程。随着时间的推移，这些机构从赋予它们的任务和权力中发展能力。这又将引发一个溢出过程，即一个地区或国家的经济活动影响另一个地区或国家的经济活动。当溢出效应在地理上扩大时，地区或国家之间的联系也会因为经济功能和活动的空间一体化而更加紧密。该理论鼓励建立跨国区域，并认为随着一个超国家机构的出现，各国忠诚的范围将从其本国扩展至整个区域。

当相互贸易从松散的耦合发展到可预测的模式时，机构和组织就会制度化。也就是说，制度建设涉及从松散的贸易模式向稳定的贸易模式转变的社会化过程。社会化是指行动者开始采用社区或群体的新规范，并逐渐将与这些规范相关的规则内部化的过程。对于新功能主义者来说，社会化不仅鼓励政治和经济精英及官员在跨国层面培养能力，而且鼓励他们形成共识，即加强国内或国家层面以外的身份形成。最终通过促成贸易协议来发挥制度的促进作用。

第三个学派：建构主义——通常被称为新制度主义——也对导致学习和社会化的交易活动的本质感兴趣。其学者认为制度是概念性的，而不仅仅是物质结构。规则和规范不仅是条约和协定，而且是由机构内个体的思想形成的。如何交流和理解其思想需要注意参与者和他们的话语之间的交流模式（Ruggie，1998）。沟通是通过商议和谈判来实现的，而这些又反过来促进学习和社交。由于这一学派关注社会互动和思想交流的本质，社会化在这一学派中的地位比新功能主义学派更为突出。机构之所以重要，是因为它们是思想可以交流、争论和学习的场所（Checkel，2005）。例如，世贸组织等国际机构是由理事会、小组委员会和委员会的官员及代表组成的。他们制定世贸组织协定，并负责从农业、补贴到市场准入和金融服务等方面提炼贸易问题。世贸组织协定是从争论、挑战、说服和文本的迭代中产生的。成员参与世贸组织协定讨论整个漫长过程。长时间的接触和交流促进了对新角色的适应，或引发了对利益和身份的新理解，有助于推动官员和精英阶层朝着超国家社区规范的趋同迈进。建构主义方法强调社会互动的动态性、本质和轨迹，这些被认为是形成制度形态的因素。

上述三个学派为通过制度机制来管理国家与参与者之间的贸易往来和关系提供了相辅相成的理论解释。然而，因地理位置形成的组织机构可以是正式的，也可以是非正式的，其所采取的形式取决于地理环境。诸如建构主义持有较少规范的观点，更倾向于理解从一个地区到另一个地区的社会互动的特殊性质，而新功能主义更强调规范化的理论，认为像欧洲一体化中的超国家机构模式可能得到普遍应用。然而，东亚和东南亚国家多年来一直拒绝接受新功能或新自由主义的地理整合模式。它们更倾向于一种非正式的制度化形式，反映出它们的社会由紧密联系的群体组成，并强调个人关系。在这里，文化规范塑造了人们的期望，而人际交往网络则是信息流动的主要渠道。相比之下，西方工业化国家更喜欢将正式制度作为解决贸易中跨国问题和冲突的机制。它们认为，通常在法律框架内阐明的规则更有可能争取各国合作以实现多边主义。这一信念促成了一个国际机构的建立，即世贸组织及其前身关贸总协定，其规范和稳定世界贸易互动，同时实现更自由的多边贸易的重要目标。

专栏 4.1　贸易壁垒

关税是最常见的贸易壁垒。它发挥着和其他税收一样的功能，是一个国家对从外国进口商品征收的税收。一种关税计算方法是从量计征，即通过规定每单位进口商品的税额来确定，如每吨进口商品 20 美元。另一种关税计算方法是从价计征，即按进口货物价值的比例计算。第三种关税计算方法结合了上述两种方法，称为复合关税。对许多国家来说，关税被用来帮助保护国内产业，尽管它们也可以成为发展中国家的收入来源。当供应商或公民发现购买进口的原材料或货物比购买当地的原材料和货物更贵时，工业就受到保护。

非关税壁垒更难界定。正如这个术语所暗示的，它是其他不被视为关税的障碍（Deardorff and Stern,

1998）。最常见的非关税壁垒有出口补贴、进口配额和自愿出口限制三类。当政府提供资金帮助一个行业出口其产品时，这是一种出口补贴。这种补贴普遍存在于工业化国家的农业部门。欧洲保证其食糖生产商拥有种植在北欧的甜菜的最低价格。这样的行为不受欢迎，因为它人为地增加了欧洲食糖生产商的收入。第二类非关税壁垒，即进口配额，是指一个国家在一段时间内限制从另一个国家进口货物的数量。长期以来，美国纺织业一直抱怨美国工人因进口外国纺织品而被迫离开美国。美国政府对这些抱怨做出了回应，对来自中国的纺织品和服装产品实施了配额。正如《纽约时报》所指出的，即使是婴儿棉尿布也因此受到影响，导致尿布价格上涨。第三类非关税壁垒是自愿出口限制（VERs）。在此，出口国自愿同意限制其特定出口到进口国的数量，以避免报复。自愿出口限制也可能以出口预测的形式出现。日本在20世纪80年代和90年代实施的自愿限制出口包括两种类型，一种是限制向美国出口乘用车的数量，另一种是向加拿大和欧盟提供出口预测。

除此之外，非关税壁垒还可能包括由文化造成的非正式障碍。比如，文化制度可能偏爱国内而不是国外的产业。例如，一些西方国家认为，日本的工业网络扮演着文化壁垒的角色，因为它们有助于将外国竞争和进口最小化。这个问题将在下一章讨论。

4.2 关贸总协定和世贸组织

在过去 70 多年中，我们共同努力，制定了激励措施，并建立了组织机构，使各国间的贸易朝着更加自由而非限制的方向发展。其中，为了促进经济发展、自由贸易和汇率稳定，成立了世界银行（国际复兴开发银行）和国际货币基金组织。然而，实现多边自由贸易的主要机构是关贸总协定和世贸组织。

4.2.1 关贸总协定

1947 年，美国与其他 22 个国家在日内瓦就降低关税问题举行了一轮贸易谈判。其目的是试图说服这些国家采用一种机构框架，各成员将在该框架下进行合作以降低贸易壁垒，并以此作为迈向更开放贸易的一步。当时，美国是世界上最大的出口国，占世界出口总额的 1/3，英国紧随其后，占世界出口总额的 12.2%（Kim，2010）。美国在说服其他国家为实现更自由的贸易而努力方面处于强势地位，尤其是美国在战后布雷顿森林体系（Bretton Woods）协议中发挥了核心作用。为了确保这样一个框架，各国同意根据一套准则和规则更密切地协调三个或三个以上国家之间的贸易关系，而不是通过当时比较受欢迎的双边协定来进行贸易。推崇制度化的学者认为多边贸易体制更优越，因为双边模式削弱了较小和较弱国家的谈判能力。后来，这种多边贸易模式成为实现自由贸易的基础。

如上一节所述，西方工业化国家赞成通过国家贸易的正式制度化来实现多边主义。这至少将涉及各国政府之间的协商或具体协定和条约。1947 年日内瓦会谈的结果是，建立了关贸总协定。最初，关贸总协定被认为是国际贸易组织（ITO）这一更全面框架的一部分，国际贸易组织的目的在于实现多边贸易。然而，当关贸总协定发展起来时，国际贸易组织从未成为现实。从上一节我们知道，体制建设的一个目标是在一个稳定和可预测的空间中建立规范和期望，促进各方之间的互动。为了促进这一目标的实现，关贸总协定围绕着三项原则运作。首先，它是一个经济自由的政体。加入时，成员应通过与其他成员自由交换商品和服务来实行经济开放。其次，最惠国待遇（MFN）要求给予某一成员优惠关税和监管待遇也同样适用于所有其他成员。这是为了在所有成员之间建立一种不歧视地位的准则。最后，互惠原则提出了这样一种观点，即成员应降低关税，以换取其贸易伙伴做出类似的互惠让步。在这里，成员应根据贸易价值“平衡”利益交换（Barton et al.，2006）。

关贸总协定的核心是一套构成多边贸易体制的规则和协定。它的体制基础不像它的“继任者”——世界贸易组织那样深厚，因为没有自动的程序来解决贸易争端，也没有对错误做法进行规范的措施。事实上，关贸总协定为那些不愿接受其原则的国家提供了许多漏洞和免责条款。本节简要介绍四个有关漏洞的例子。第一，根据第 19 条，如果进口对一个国家的国内工业造成损害，可以恢复贸易限制。第二，根据第 6 条，当进口产品的销售价格低于产品在母国销售价格时，可以加征关税抵消倾销。第三，根据第 24 条规定成立关税同盟。第四，发展中国家被认为有特殊需要，因为它们的市场和工业较不发达。它们被允许执行非互惠原则，即与发达国家谈判的关税削减不必与对这些国家的互惠承诺相平衡。这些漏洞在成员规模相对较小的几年还可以容忍。20 世纪 40 年代末，关贸总协定最初的 23 个成员的贸易额占世界贸易总额的近 3/4，它们的贸易自由化目标也较为相似。由于成员不多，贸易关系并不复杂，而且大多数谈判集中在商品贸易和关税上。总的来说，关贸总协定是通过从日内瓦开始的一系列贸易回合而发展起来的，有的回合甚至持续了数年。最后一轮回合，即从 1986 年开始并于 1994 年结束的乌拉圭回合，也许是最全面的一轮谈判，它还为建立世贸组织奠定了基础。在讨论的问题中，改革争端解决程序是当时最重要的问题。各国对程序和规则的监视和监测意见不一。例如，日本担心其贸易政策可能受到干涉。然而，美国在与其他国家的一系列长期争端中，如欧盟—美国牛肉激素争端（见专栏 4.2），迫切希望看到更大的制度一致性。因此，美国推动更深层次的正式制度化，以加强决策。

专栏 4.2 欧美牛肉激素纠纷

自 1981 年以来，欧盟，即当时的欧洲共同体（EC）一直禁止使用生长激素饲养的牲畜进行贸易。例如，在 20 世纪 70 年代，嫩牛肉生产中的己烯雌酚（Diethylstilbestrol）污染导致了欧洲消费者对肉类的大规模抵制。为了增加消费者信心，欧洲委员会呼吁禁止使用非治疗性激素饲养牲畜。这项禁令在很大程度上影响了北美的牛肉行业，因为该行业使用激素来帮助牛更快地成长并增加肉类的蛋白质含量。经过科学委员会的大量辩论和报告，欧洲议会决定禁止所有生长激素有关的肉类进口，尽管委员会曾在 1988 年建议允许使用三种天然激素。

由于受到禁令的严重打击，美国向关贸总协定提起诉讼，要求成立一个技术委员会来审查美国的申诉。这一要求遭到关贸总协定缔约国的阻挠。因此，美国对一些欧洲农产品征收了 100% 的从价关税，价值约 1 亿美元。欧洲共同体随后要求关贸总协定的一个小组调查此事，但遭到美国的阻挠。激素牛肉争端说明了为什么各国要推动成立世贸组织（WTO）：关贸总协定的体制结构偏向外交，缺乏处理本章所述缔约方（通常是一个国家）封锁的能力。随着 1989 年欧洲禁令的生效，跨大西洋肉类贸易爆发了一场贸易战。20 世纪 90 年代中期，随着世贸组织的成立，这种僵局才开始减弱。根据世贸组织的争端解决谅解，各国或缔约国不能再像关贸总协定制度所允许的那样，轻易地阻挠裁决或要求设立听证小组。这意味着有机会将争议重新集中在更可预测的规则上。如今，长期存在的激素牛肉贸易战只得到了部分解决：欧盟（EU）已同意增加北美牛肉的进口，尤其是非激素饲养的牛肉；美国和加拿大已暂停对列入黑名单的欧洲奢侈农产品征收关税，这曾是它们报复的一部分；但是欧盟对激素牛肉的禁令仍然有效。

4.2.2 世贸组织

20 世纪 80 年代，全球化发展得更加深入和广泛。学术理论的转变对保护主义的新逻辑更为有利。1988 年，美国颁布了旨在迫使外国市场开放的“超级 301 条款”。多边贸易似乎正在萎缩。关贸总协定缺少的是能够令人满意地解决日益复杂的贸易问题的正式的规则和法律。这些复杂性问题包括农业、服务业和知识产权问题。“超级 301 条款”的实施迫使欧洲国家和日本更愿意搁置对机构改革的保留意见。1990 年，意大利提议建立一个监督关贸总协定制度的机构。这个新机构将具有类似关贸总协定的“身份”和组织结构。更重要的是，该机构将是正式的、具有法律性质的，并将有一个强有力的秘书处（Stiles，1996）。意大利提案的通过，为世贸组织的成立铺平了道路。

1995 年，世贸组织大张旗鼓地成立，并从那时起稳步扩大其规模。截至 2015 年，已有 161 个经济体加入世贸组织。关贸总协定和世贸组织之间有几个不同之处。第一，关贸总协定只局限于商品贸易和关税，而世贸组织扩大了其贸易项目的范围，包括非关税壁垒、农业、服务、投资和知识产权。第二，如前所述，关贸总协定的运作更像是外交官之间达成的一系列协议，并且由于投诉而发布的专家组报告可能会被违规方阻止。为了适应世贸组织中更为正式和法制化的互动模式，争端解决机制发生了改变：阻止一份报告需要全体一致同意。争端是在统一的争端解决机制（DSM）下解决的，包括服务贸易和知识产权贸易，这就消除了对不同问题使用不同程序的混淆。它还有助于减少在关贸总协定中经常发生的长时间拖延的情况。此外，一旦专家组发布其报告，就会有遵守报告裁决的程序，而这些程序在关贸总协定中并没有规定。第三，所有成员必须按照“单一承诺”原则接受“乌拉圭回合”的多边贸易协定。这包括发展中国家，根据关贸总协定，它们没有遵守协定所规定的所有行为守则的义务。第四，由于世贸组织是由成员政府（通常是贸易部长）管理的，预计它们将更频繁地召开会议，每两年召开一次会议，解释世贸组织协定。

世贸组织建立了一个更有效的处理贸易冲突的体系。世贸组织的其他好处包括：普遍降低制造业出口的平均关税，阻止实施可能损害其他国家的贸易政策，解决服务和知识产权领域较新的、更复杂的贸易相关问题（Deardorff and Stern，2007）。

然而，世贸组织也受到了严厉的批评。由于其正式的结构，世贸组织使不熟悉西方法律制度及其社会交往形式的发展中国家处于不利地位。在环保和劳工维权人士等民间团体中，世贸组织被视为一个忽视贸易对环境造成的影响以及企业忽视劳工标准的乡村俱乐部。这些问题我们将在第六章进一步讨论。此外，那些通过一系列法律规定将贸易往来正式化的机构通常在亚洲国家中不那么受欢迎。例如，在日韩与美国的贸易争端中，亚洲国家不愿意采取法律行动，而宁愿通过双边对话来建立信任（Yoshimatsu，2003）。总的来说，世贸组织既得到了强烈的支持，也受到了严厉的批评。

4.3 贸易地理：一体化和区域贸易协定

尽管全球化的力量分散，但研究表明，世界贸易的主导模式不是分散的，而是区域化的，即贸易发生在受区域边界限制的邻近国家或地区之间（Poon，1995，2000；Kohl and Brouwer，2014）。在地理学上，区域理论倾向于次国家尺度。因此，区域主义一般是指在一定的地域范围内发生的区域发展过程。本章在超国家层面阐释区域主义，以国家或州为分析单位。经济发展通常被认为是发生在容纳生产所需的资源、劳动力和资本的空间或区域。这样的空间或区域往往具有与相对同质的功能相关联的离散性质。例如，贸易区域由贸易功能定义。空间的集装箱化是政治学家和经济学家最常用的描述区域的方式。然而，地理学家注意到，今天的区域不再是自给自足的，许多区域正在进行区域间的互动，建立了连接不同空间单元的网络（Poon et al.，2000）。他们认为，该区域不是一个具有固定边界的同质领土，而是一个半同质的单元，且受全球经济流动网络（如贸易）以及空间离散化趋势的影响（Jonas，2012）。

虽然欧洲区域主义追求的是超越贸易的经济一体化目标，但世界其他地方的情况大不相同。在东亚，虽然各国之间的贸易水平提高了，但它们没有像欧洲国家那样追求更深层次的一体化。也就是说，贸易区域主义并没有伴随着区域化。因此，应该区分区域主义和区域化两个术语：尽管区域主义通常产生于区域化，但反过来可能并不正确。欧洲的区域主义致力于实现协调、合作的地缘政治格局，但是东亚的区域化并没有产生类似的结果。

双边贸易也是各国之间（全球和区域）进行贸易的形式之一。双边贸易指两个国家或地区之间的贸易。双边贸易是最常见的区域贸易互动方式。美国有一个涉及另外两个国家（墨西哥和加拿大）的三边自由贸易区。但它与拉丁美洲、亚洲和中东国家签订了约 20 项双边贸易协定。消除成员之间贸易壁垒的双边自由贸易协定（FTA）为何受欢迎？一种解释是地理上的邻近性——大多数自由贸易协定都是在邻近国家之间达成的，反映出它们之间的交易成本较低。相邻国家更容易熟悉，对彼此的市场、文化和语言也更了解。世界上最大的双边贸易伙伴关系是美国和加拿大。但是邻近并不是双边协议的唯一原因，其他因素也很重要，比如政治考虑。例如，韩国出于政治原因与一个相当遥远的伙伴——智利达成了自由贸易协定。在这种情况下，农民对自由贸易协定的反对可能会被忽视，因为当智利为夏季时韩国为冬季，其夏季生长的农产品不会与本国农产品形成直接竞争。

4.4 地理的宿命？区域主义与区域经济一体化

区域经济一体化分为四个阶段。最低层次的一体化是形成自由贸易区和自由贸易协定。在此阶段，参与国家会同意减少对一系列产品的限制，使成员能够优先进入其市场。北美自由贸易协定（NAFTA）就是这样一个例子。当成员决定彼此之间采取共同的内部关税、对第三方实施共同的外部关税时，区域经济一体化就向前迈进了一步，形成了关税联盟（CU），即第二个阶段。为消除贸易壁垒，南方共同市场（MERCOSUR）最初的四个创始成员方——阿根廷、巴西、巴拉圭（目前暂停）和乌拉圭在2008年成立了关税联盟。在第三阶段，各国开始通过协调货币政策和技术政策来寻求经济联盟。一体化的最后和最高阶段是政治一体化。

自由贸易协定是各国区域经济一体化进程中最受欢迎的阶段。世贸组织列出了583项经谈判达成的区域自由贸易协定，其中377项已经生效。在经济一体化阶段，各国只需要就共同的关税削减水平达成协议，这相对容易实现。英国脱欧也反映出在更高层次的一体化进程中放弃主权，仍受到许多国家的怀疑。此外，还需要考虑地理因素。区域自由贸易协定成功的一个先决条件是，成员之间的贸易在协定达成之前就应该比较频繁，而邻国之间的情况更是如此。

4.4.1　欧洲联盟：超级区域?

区域主义最好的例子是在区域经济一体化水平上走得最远的欧洲联盟（European Union，简称欧盟）。早期，新功能理论为国家如何有目的地推进洲际一体化奠定了基础，而新自由主义通过证实这种一体化的经济逻辑为其提供了支持。然而，这些理论在 20 世纪 90 年代初遇到了一些麻烦，当时欧洲一体化进程因一些事件而陷入停滞。其中，最主要的是丹麦选民否决了与 1992 年《马斯特里赫特条约》有关的全民公决。制定《马斯特里赫特条约》是为了推动欧洲形成货币和经济联盟。失败后，条约被重新修订，并于 1997 年在以实现政治联盟为主要目标的《欧洲联盟条约》中重新启用（Laursen，2008）。区域建设是一个复杂的过程，20 世纪 90 年代的全球化带来了许多在过去几十年中并不明显的问题。例如，东亚地区，尤其是中国的崛起意味着欧洲不能忽视与区域外的联系。在流动自由日益提高的刺激下，整个非洲大陆的移民潮在当地社区中引起了强烈反响。全球化和区域主义之间的矛盾意味着后者需要在公民、公民社会、商业和政治精英之间进行谈判。为了理解欧洲格局的转变，我们将欧洲一体化的历史记录进行整理，如表 4.1 所示。

表4.1　欧盟形成时序

年份	事件
1951	比利时、法国、意大利、卢森堡、荷兰和联邦德国组成欧洲煤炭和钢铁共同体（ECSC）
1957	《罗马条约》签署，建立欧洲经济共同体（EEC）
1968	关税同盟在最初的六个创始成员中成立
1973	丹麦、爱尔兰和英国加入
1981	希腊加入
1986	葡萄牙和西班牙加入欧洲经济共同体； 欧洲签署单一法案，形成共同市场，欧洲经济共同体被称为欧洲共同体
1992	《马斯特里赫特条约》签署，以建立经济和货币联盟（EMU）； 欧洲共同体被称为欧盟； 丹麦选民反对《马斯特里赫特条约》
1993	丹麦选民通过了《马斯特里赫特条约》，但做了一些修改
1995	奥地利、芬兰和瑞典加入
1999	引入欧元和欧洲货币联盟
2004	塞浦路斯、捷克、爱沙尼亚、拉脱维亚、立陶宛、匈牙利、马耳他、波兰、斯洛文尼亚和斯洛伐克加入； 《欧洲宪法条约》签署
2005	荷兰和法国投票否决欧洲宪法； “反思”时期随之而来
2007	保加利亚和罗马尼亚加入； 《里斯本条约》是在欧洲宪法修正案之后签署的
2013	克罗地亚加入欧盟 28 国

欧盟的诞生可以追溯到 1951 年，当时比利时、法国、意大利、卢森堡、荷兰和联邦德国六个国家决定成立欧洲煤炭和钢铁共同体（ECSC）。欧洲煤炭和钢铁共同体的目标是，

使重工业原材料自由流动和贸易，特别是煤炭和钢铁。这两种材料都是当时欧洲工业化的核心投入。1957 年，六个国家签署了《罗马条约》，为建立欧洲经济共同体奠定了基础。从本质上讲，该条约超越了对煤炭和钢铁贸易的规定，形成了在若干部门进行自由贸易和经济合作的时间表。第一步是建立一个关税联盟，在这个联盟中，成员之间以及与第三方之间将取消关税。成员还同意了一项共同的农业政策，为农民提供价格保障，以及一项针对贫困地区的区域发展政策。第二步是要在 12 年内建立一个包括商品、服务、资本和人民自由这四项经济自由的共同市场。事实上，直到 1986 年通过《单一欧洲法案》（SEA），共同市场才成为现实。下一步，欧洲经济共同体将在农业、交通和工业领域制定共同的经济政策，以保护工人福利。为了促进决策，条约设立了五个机构，即欧洲理事会、欧盟委员会、欧洲议会、欧洲法院和欧洲审计法院（见专栏 4.3）。这些机构在很大程度上控制着欧盟的发展进程，尽管它们也经历了一些改革。

随着《罗马条约》（Treaty of Rome）的签署，关税同盟于 1968 年在最初的六个创始成员中成立，为区域主义进一步发展铺平了道路。随着一体化运动的势头越来越大，成员数目也开始增加。1973 年，丹麦、爱尔兰和英国三个国家加入了欧洲经济共同体。希腊紧随其后（1981 年），葡萄牙和西班牙（1986 年），奥地利、芬兰和瑞典（1995 年），塞浦路斯、捷克、爱沙尼亚、拉脱维亚、立陶宛、匈牙利、马耳他、波兰、斯洛文尼亚和斯洛伐克（2004 年），保加利亚和罗马尼亚（2007 年）也先后加入，最后是克罗地亚（2013 年）。至此，欧盟 28 个成员通常被称为 EU-28。

当法国通过一项新条约，即 1987 年生效的《单一欧洲法案》，开始努力建立单一市场时，经济一体化得到了进一步的发展。《单一欧洲法案》更有野心，因为它的目标是用泛欧法规取代国家法规。到 20 世纪 90 年代初，这些国家面临着与更自由的地区贸易、更激烈的全球竞争以及更大的资本和劳动力流动性相关的新问题。1992 年《马斯特里赫特条约》不仅试图定义成员的公民权利（如在欧洲经济共同体中工作的权利）以及成员政府之间在安全与外交政策方面的合作，而且还在 1999 年通过引入单一货币欧元的方式形成了经济与货币联盟（EMU）（kahn，2008）。丹麦选民对此缺乏热情反映出他们对争取新欧洲公民身份的努力感到不满。经过修正，《马斯特里赫特条约》在 1993 年得到批准。这一条约的通过，以及 1997 年《阿姆斯特丹条约》（Treaty of Amsterdam）的进一步修订——增加了寻求解决失业和性别不平等问题的新目标——为 1999 年的单一货币铺平了道路。人们认为，共同货币可以减少汇率波动带来的不确定性，从而对贸易产生积极影响。

虽然单一货币市场加强了欧洲货币联盟，但欧洲经济共同体（此时被称为欧盟）在进入新千年时仍面临着不确定的未来。不确定性的一个关键原因是东欧地区的扩张。东欧加入欧盟具有一定的优势，如可以增加对劳动力成本较低地区的投资。这些优势被用于连接德国和东欧生产商的汽车工业生产网络。后社会主义经济体的加入促进了欧盟法律化的形成、人权和自由的加强以及对健康和环境的保护（见专栏4.3）。这一法律主旨意味着，有必要制定一部有助于将监管转变为法律的欧洲宪法。尽管如此，2004 年签署的《欧洲宪法条约》还是在 2005 年被荷兰和法国选民否决了。根据欧盟委员会的一项调查，荷兰选民将“缺乏信息”和“丧失国家主权”列为拒绝该条约的两个最主要原因（Eurobarometer，2005）。两年后的里斯本会议上，在对加强欧洲议会（European Parliament）等机构以及解决公众提出的民主赤字问题进行修正后，该条约获得批准。更重要的是，它放弃了其 2004 年前身的宪法理念，该理念给予欧洲法律比国家法律更大的权重（Chalmers，Davies and Monti，2010）。有了这一点，区域主义的进展得以恢复，因为 2007 年的《里斯本条约》（Treaty of Lisbon）稳定了围绕欧盟形式和机构治理结构进行的数十年谈判。更重要的是，从贸易的角度来看，该条约不仅对商品做出了更明确的规定，而且对服务（如卫生和教育）和知识产权也做出了规定。

然而不难看出，欧洲一体化进程并不顺利。2015 年，希腊在履行对欧盟委员会（European Commission）、欧洲央行（European Central Bank）和国际货币基金组织（IMF）的债务方面遇到了一些困难。这导致了资本控制和银行倒闭。希腊官员抱怨说，严苛的救助条件对希腊公民的伤害太大。由于拖欠贷款，希腊成为退出欧盟的候选人之一。支持希腊退出欧元区的民众认为，这将为希腊提供更大的货币控制以决定自己的命运。一年后，类似的对失去边境控制的担忧引发了英国反对加入欧盟的投票。显然，新功能理论和新自由主义理论没有预测到1992年《马斯特里赫特条约》、2004年《欧洲联盟条约》的失败，也没有预测到希腊和英国对欧盟成员身份的不安。当经济和政治事务在地理上超出国家层面时，一体化带来的效率优势并不总是压倒公民对欧洲意味着什么的担忧。事实上，对新功能理论的一种批评是，它提倡一种自上而下的区域主义，一种由政治精英实施的规范框架。但正如英国脱欧所表明的那样，自上而下的方式无法充分缓解公民对更大程度一体化可能带来的负面影响的担忧。当前新制度建构主义的观点之所以流行，在于它关注身份认同的构建和在更广泛的人群和群体中共享的意义。身份认同问题一直是欧盟研究的重点。

专栏 4.3　欧盟的主要机构

欧盟的三大支柱机构是：欧洲理事会（European Council）、欧盟委员会（European Commission）和欧洲议会（European Parliament）。

欧洲理事会（也称为部长理事会）由代表每个成员政府的政府首脑组成。该理事会是欧盟的立法机构，对所有立法建议做出最终决定。由于其具有决策权，它负责欧盟的政策和政治讨论、优先事项和发展方向。总的来说，欧洲理事会通过协调经济和财政事务、执行外交和安全事务以及批准和签署欧盟委员会提出的国际协议和条约等方式治理欧盟。它的大部分工作是通过数千名国家官员组成的工作组完成的，这些工作组的任务是在谈判的早期阶段审查提案。

欧盟委员会是欧盟第二大机构。虽然被称为委员会，但它实际上是一个由专员组成的学院，因为它由代表欧盟 28 国（含英国）的 28 名委员组成，每个委员被分配一个政策和服务组合领域。从这个意义上说，欧盟委员会负责欧盟的日常运作。它提出并起草立法，评估新提案经济、社会和环境后果的潜在影响。它自始至终都参与决策过程。虽然欧洲理事会和欧洲议会也可以提出立法建议，但欧盟委员会的任务是通过与 28 个成员国、工商界、工会和其他有关行动者协商的方式审查这些建议。根据《里斯本条约》，欧盟委员会被赋予更大的权力来监督成员国对欧盟法律的遵守情况，并实施具有法律约束力的制裁（Andersen，2012）。从这个意义上说，欧盟委员会可以说是条约的监护人和执行者。

第三个机构是欧洲议会。欧洲议会与上述两个机构的不同之处在于它旨在代表欧洲公民的利益。成员每五年由欧盟选民选举产生。由于议会成员数量基本上是基于人口规模，像德国这样的大国有近 100 名国会议员。欧洲议会本质上拥有三项职能——批准28名委员的任命、审查欧盟法律、修改委员会的立法提案（Cini and Borragan, 2013）。还有一项职能是通过审查委员会的报告来对委员会进行检查。由于它代表公民的利益，因此公众可以向欧洲议会发起请愿，欧洲议会将设立委员会来审查请愿书。从这个意义上说，欧洲议会对行政部门行使了监督权。

除上述三个机构外，还有两个机构值得提及，即欧洲法院和欧洲审计法院。欧洲法院（European Court of Justice）具有解释欧盟法律、解决争端以及制裁欧盟政府和机构违反或不遵守法律法规的权力，其通过行使这些权力来支持立法。而欧洲审计法院通过审计参与使用或支付欧盟资金的个人或组织，帮助管理欧盟的财政。

4.4.2 北美自由贸易协定

1990年，墨西哥新当选的总统卡罗斯·萨利纳斯·德·戈塔里（Carols Salinas de Gortari）与美国总统乔治·布什（George Bush）就建立自由贸易区的可能性进行了接触。与当时的加拿大总理布莱恩·穆洛尼（Brian Mulroney）一起，三国就降低贸易壁垒进行了讨论，最终于1994年达成了具有历史意义的《北美自由贸易协定》（NAFTA）。

在此之前，墨西哥一直实行进口替代的工业化战略，以国内进口取代出口（见第五章）。然而，萨利纳斯总统希望引导墨西哥摆脱对石油出口的过度依赖，使其经济多样化，转向制成品出口。这意味着墨西哥鼓励吸引外商直接投资，从而将其制造业出口的质量提高到世界标准（Baer，1991）。由于美国是投资和制造业出口的重要市场，达成自由贸易协定可能有助于确保墨西哥的出口。自由贸易协定也是总统计划的一部分，该计划旨在通过部门重组逐步开放墨西哥经济。萨利纳斯总统拥有一支在美国接受过培训的技术官僚团队，他试图通过贸易协定向美国进口商品和开放市场，扭转数十年来的经济民族（国家）主义。

至于加拿大，早在 1989 年就与美国签署了自由贸易协定，当时加拿大被纳入了北美自由贸易协定的讨论。墨西哥不是一个重要的市场，与墨西哥的贸易也相对较少：1989 年，对墨西哥的出口额和从墨西哥的进口额分别仅占其出口总额和进口总额的 0.5% 和 1.25%（Watson，1992）。但舆论反对北美自由贸易协定，因为尽管加拿大和美国签订了自由贸易协定，但加拿大仍然面临美国的反倾销行动，而且正在经历严重的经济衰退。加拿大公民对北美自由贸易协定能否解决跨境贸易冲突、重振经济持怀疑态度。然而，美国也是加拿大最大的贸易伙伴，贸易平衡有利于加拿大，因为加拿大对其南部邻国享有贸易顺差。此外，两国各区域的生产网络正在高度一体化，如汽车工业。跨越边境的大量货物运输涉及与汽车工业有关的产业内贸易。此外，不管有没有加拿大，墨西哥和美国都在推进自由贸易协定。由于担心贸易从墨西哥转移，加拿大总理不顾工会的反对签署了这项协议。

在美国，说服国会和美国公众支持北美自由贸易协定也并非易事。有人担心，墨西哥较低的劳动力和环境标准会导致更廉价的商品涌入本国。这引起了工会、环保人士和担心进口竞争的行业的反对。然而，在乌拉圭回合结束之际，美国正积极施压，要求其开放服务市场、保护版权和专利。北美自由贸易协定则提供了从加拿大和墨西哥获得类似让步的机会。美国贸易代表通过谈判达成了一套涵盖原产地规则、服务、知识产权和争端解决程序的全面贸易规则。原产地规则（Rules of Origin，ROO）是指根据原产地决定产品是国外的还是国内的，这一原则在自由贸易协定中通常相当重要。例如，美国谈判代表希望计算机的某些部件（如主板、屏幕、硬盘）在美国生产。然而，美国计算机行业本身对此表示反对，因为许多计算机部件是从北美地区以外进口的。尽管谈判过程非常艰苦，但该协议还是在1994年达成并生效。

对北美自由贸易协定影响的研究，虽然喜忧参半，但普遍认为该协定增加了三国之间的贸易（Andressen，2008）。数据显示，加拿大对美国的出口额在12年内翻了一番，同时出口商品也从低质量商品转向高质量商品。北美自由贸易协定还使加拿大的经济地理格局从东西转向南北。这意味着加拿大各省（尤其是安大略省和不列颠哥伦比亚省）与美国的贸易开始超过与加拿大其他省份的贸易。原油是美国从加拿大和墨西哥进口最多的商品。据《经济学人》（2014）报道，

1993~2012 年，美国与北美自由贸易协定成员方之间的贸易额增长速度（506%）比与非北美自由贸易协定国家之间的贸易额增长速度（279%）更快。数据还显示，最大的受益者是墨西哥：墨西哥国内产业能够自我升级，提高生产率，而且商品出口已显著渗透到美国市场。从美国的角度来看，北美自由贸易协定对其经济的影响相当小，仅占其 GDP 的不到 5%（Villarreal and Fergusson，2014）。这是因为国内市场非常大，其大部分的贸易都是在国内进行的，而不是国际贸易。尽管如此，自 1994 年以来，美国与北美自由贸易协定成员方之间的贸易增长了 2 倍。加拿大是美国 38 个州的最大出口目的地，而墨西哥是另外 6 个州的主要出口市场（Courchene，2003）。北美自由贸易协定也为美国与其他国家的自由贸易协定谈判提供了一个成功的框架。

总的来说，北美自由贸易协定使这三个国家的区域化程度和经济一体化程度有所提高。例如，汽车行业一体化程度较高，以至于美国汽车制造商大量使用北美自由贸易协定其他两个国家生产的零部件。但是北美自由贸易协定也受到了批评。它导致农民数量减少，加大了墨西哥的收入差距和区域差距，加拿大和墨西哥之间的贸易额和投资总额仍然很低。更重要的是，北美自由贸易协定成员方无意像欧盟那样成为另一个追求区域一体化的模板。下面我们将看到，东南亚的区域一体化也是如此。

4.4.3 东盟模式：东盟自由贸易协定和跨太平洋伙伴关系协议

与北美一样，东南亚国家也通过贸易和投资日趋一体化，然而，地方主义发展缓慢。这里的国家与组成欧盟和北美自由贸易协定的国家有一些重要差异。东南亚10个国家中有9个是发展中国家，并且许多是从长期殖民主义历史中崛起的新独立国家。

东南亚地区主义的萌芽可以追溯到1967年，当时5个创始成员方印度尼西亚、马来西亚、菲律宾、新加坡和泰国签署成立宣言，成立了东南亚国家联盟（简称“东盟”，ASEAN）。这被认为是一个了不起的壮举。许多国家已去殖民化，民族主义情绪高涨。去殖民化后的前20年是在划定有助于巩固国家主权的边界上度过的。建设一个区域社区和身份并不是优先考虑的事项。东盟的诞生是出于在领土争端并不罕见的地区就安全等问题进行合作的必要性。此外，这些国家希望建立一个更大的集团，帮助它们在贸易和投资问题上与美国等强国讨价还价。在接下来的27年里，东盟一直把重点放在与地区和平及政治稳定有关的问题上。1984年，随着文莱达鲁萨兰国的加入，东盟成员方增加到6个。在越南（1995年）、老挝和缅甸（1997年）以及柬埔寨（1999年）相继加入后，目前东盟由10个成员方组成。

20世纪90年代初，当北美自由贸易协定在北美成为经济现实时，欧盟正朝着单一市场迈进。尽管全球化不断推进，但世界贸易仍在各洲内发生。此时，东盟成员方决定建立自由贸易区，并于1992年签署了《东盟自由贸易协定》（AFTA）。这被许多学者认为是亚洲区域主义的一个里程碑。但通往自由贸易协定的道路是坎坷的。AFTA花了这么长时间才成立是有充分理由的。

首先，区域内贸易低迷。表4.2为1990年和2013年欧盟、北美自由贸易协定、东盟自由贸易协定和南方共同市场的出口比例。东盟最大的贸易量在新加坡和马来西亚之间。直到现在，东盟成员方还倾向于与该地区以外的国家进行更多的贸易，而不是成员方彼此之间进行贸易。1990年东盟区域内贸易为19%，与欧盟区域内的60.5%相比较低。虽然2013年地区内贸易增长到25.8%，但其中很大一部分是由于印度尼西亚、新加坡和马来西亚这三个国家之间的贸易。这三个国家之间的贸易占东盟内部贸易的近一半。鉴于东盟成员方在区域外贸易中所占的比例很高，建立自由贸易区的好处对它们来说是不确定的。

表4.2　1990年和2013年欧盟、北美自由贸易协定、东盟自由贸易协定和南方共同市场的出口比例

单位：%

	年份	欧盟	北美自由贸易协定	东盟自由贸易协定	南方共同市场
欧盟	1990	60.5	8.2	1.5	0.6
	2013	46.8	8.6	2.0	1.4

续表

	年份	欧盟	北美自由贸易协定	东盟自由贸易协定	南方共同市场
北美自由贸易协定	1990	20.4	41.3	3.8	2.0
	2013	12.0	49.2	3.6	3.5
东盟自由贸易协定	1990	15.2	20.9	19.0	0.2
	2013	8.7	10.2	25.8	0.9
南方共同市场	1990	25.8	32.7	2.5	7.6
	2013	13.2	9.5	3.4	13.6

资料来源：国际货币基金组织《世界贸易方向统计年鉴》多期数据。

其次，国家主权是最主要的问题。这些国家热衷于推行自己的工业和贸易政策，对任何可能影响这些政策的区域安排都持怀疑态度。20 世纪 70 年代末，通过东盟工业项目（ASEAN Industrial Projects，AIP）进行经济协调还是相当困难的。例如，新加坡想通过东盟工业项目制造柴油发动机，但遭到了其他东盟成员方的阻挠。1987 年，菲律宾首次提议逐步取消关税，以建立关税同盟实现更大的经济合作，但遭到了印度尼西亚的反对，印度尼西亚不希望该提议被提上会议议程。

但 20 世纪 80 年代，该地区发生了重大变化。1985 年广场协议（Plaza Accord）迫使日元升值后，日本寻求邻国的投资，希望此举缩小日本与美国和英国等国的贸易顺差。东盟政府官员认识到，正式的区域化可以吸引这样的投资，并尽量减少对中国的投资转移（Bowles and MacLean，1993）。当泰国在 1992 年提出建立亚洲自由贸易区时，东盟 6 个成员方准备签订《亚洲自由贸易区框架协定》来实现这一提议。在该框架协议中，成员方决定在 2008 年建立自由贸易区，并将通过共同有效的优惠关税（CEPT）计划来实现自由贸易区的建立，优惠关税将分阶段取消成员之间所有制成品的关税。到 2008 年，CEPT 计划中的产品关税将降至 0~5%。对关税超过 20% 的产品，则再给予 5~8 年的关税优惠使其关税降至 20%。最后，这些产品的关税将在 7 年内进一步降低到 0~5%。然而，随着新加坡等国在 20 世纪 90 年代末取消了许多进口关税，建立 AFTA 的时间从 2008 年提前至 2002 年。

尽管东盟自由贸易协定已经形成，但东南亚地区主义并不试图复制欧盟或北美自由贸易协定的区域化模式（Acharya，2004），这就意味着东盟成员方要使当地机构适应国际准则。这些规范被称为“东盟方式”，反映了政治精英对符合当地文化价值观的地区认同的构建。例如，马来西亚在 20 世纪 90 年代开始推广“亚洲价值观”，以将西方国家排除在东盟地区主义之外，因为其认为与西方国家在文化上存在差异。亚洲价值观在政府部门交往时通常倾向于注重建立共识和群体和谐。它们认为美国式的交流是直率和敌对的，很少顾及社会和谐。由于把建立共识和社会和谐作为优先事项，许多成员方之间达成关于贸易的相互协定并不容易。这种价值观也为与美国等非亚洲国家建立自由贸易协定制造了障碍。目前，亚太经合组织（APEC）是最接近跨太平洋区域安排的组织。但 APEC 似乎只是一个论坛，而不是一个严肃的区域贸易安排。这是因为亚洲国家对任何暗示外国越权的提议都高度敏感。界定东盟的三项主要原则明确表明了各国保护本国主权的愿望：①相互尊重所有国家的独立、主权、平等、领土完整和民族特征；②每一个国家都有权在不受外来干涉、颠覆或胁迫的情况下领导其国家的存在；③互不干涉内政。[①] 鉴于这些原则，很难想象这些国家会接受一个寻求区域而非主权国家经济政策协调的超国家机构。

尽管存在这些障碍，12 个亚太经合组织成员已经向形成自由贸易区的方向迈进。美国正在与 11 个国家（澳大利亚、文莱、加拿大、智利、日本、马来西亚、墨西哥、新西兰、秘鲁、新加坡和越南）谈判跨太平洋伙伴关系（Trans-Pacific Partnership Agreement，TPP），以推进自由贸易协定。TPP 被认为是未来自由贸易协定的蓝图，因为它涉及的问题更广泛，寻求在该地区实现贸易、投资和服务自由化，目标是形成亚太自由贸易区（FTAPP）。在亚洲国家中，TPP 也是整合区域生产网络的工具。虽然目前只有 12 个国家参与谈判，但该计划是逐步将自由贸易区扩展到包括韩国和中国在内的国家。与其他区域贸易协定不同，自由贸易协定是一项跨大陆的区域贸易协

① http://www.ASEAN.org。

定，涵盖了区域和跨国联系，反映了全球化世界中区域化的新模式。

然而，美国前总统奥巴马面临着来自其所属党派成员的大量批评，因为他们担心该协议没有充分保护工人的权利和生态环境。TPP 的争论与早些时候关于太平洋地区亚洲国家之间文化差异的讨论是一致的。亚洲国家更愿意发展不考虑政治因素的贸易协定，而美国的劳工和环保组织则希望积极参与此类协定。不足为奇的是，这种分歧让亚洲外交官感到沮丧，他们认为美国与该地区缺乏接触。将美国纳入贸易协定也是一个地理问题。对于这里的许多国家来说，这一协定所涉及的范围长期以来都是最主要的市场，它将通过整合太平洋地区的经济来改变区域关系的性质。在太平洋地区，除了商品和服务贸易非常频繁，人口流动也是相当可观的。针对美国国会缺乏热情的情况，新加坡外长尚慕根（K.Shanmugan）问道："你想成为该地区的一部分，还是想离开该地区？"（Soble，2015）虽然奥巴马总统已经获得了将 TPP 推进到下一阶段的批准，但上述问题意味着，尽管美国在地理位置上位于太平洋，但它被视为一个局外人。对亚洲国家来说，成为该区域的一部分主要是经济上的，它们需要在贸易和市场方面的投资，而不是在文化关系方面的投资。

4.4.4 南方共同市场

1991 年，阿根廷、巴西、巴拉圭和乌拉圭四个南美国家签署了《亚松森条约》(Treaty of Asunción)，以实现更自由的贸易。该条约的目标是建立南部地区的共同市场，被称为南方共同市场（MERCOSUR）。对许多观察员来说，这是该区域迈向经济一体化过程的重要一步，以前该区域的有关倡议都失败了。历史上阿根廷和巴西为统治南美大陆而进行的竞争现在已转变为合作的可能性。更重要的是，南方共同市场成员已经推进了关税同盟，这超出了北美自由贸易协定和东盟自由贸易区的范围，因为关税同盟代表着经济一体化的更高阶段。自此以后，该区域集团的规模扩大，并正在考虑接纳另一个成员委内瑞拉。委内瑞拉的加入产生了一些问题，因为委内瑞拉对自由贸易持怀疑态度，但其石油资源对南方共同市场的成员具有较大的吸引力。巴拉圭曾反对委内瑞拉加入该组织，但由于其余三名伙伴反对巴拉圭 2012 年弹劾总统费尔南多·卢戈（Fernando Lugo），巴拉圭已被暂停成员资格。

与东南亚国家一样，南方共同市场成立时，区域内的贸易水平相当低。如表 4.2 所示，1990 年 5 个成员方之间区域内贸易的比例约为 7.6%。尽管 1998~2003 年成员方遭遇经济危机，区域内的出口额也出现了下降，但 2013 年这一比例上升到了 13.6%。巴西在经历了多年的预算赤字后，于 1999 年贬值了本币，而阿根廷则在 2001 年经历了债务危机，不得不接受国际货币基金组织（IMF）的帮助。从 2003 年开始，区域内贸易大幅增长。然而，经济一体化仍然是一个挑战。许多国家都拥有丰富的商品（农产品和矿产品），但商品的市场往往集中于非成员国家或地区。正如新制度理论所预测的那样，南方共同市场由许多工作组和委员会组成，共同努力促进学习和决策，但解决争端的体制机制仍然薄弱，较大的成员方可能通过单边行动使较小的成员方处于不利地位。

总的来说，南方共同市场是发展中国家中为数不多的几个区域协议之一，它们的目标是在自由贸易协定之外实现更大的经济一体化。然而，它也被批评因制度化程度低而使得经济政策协调困难。这是因为这里的成员方与东盟一样关注主权问题，更倾向于达成共识而不是制定严格的规则（Pena and Rozemberg，2005）。东盟自由贸易区和南方共同市场都证明，在发展中国家或地区完全采用西方国家认为法律互动应为区域主义重要目标的制度一体化模式是存在一定困难的。

4.5 小结

国际贸易越来越成为一个受监管的过程。在强调世界贸易流通的商品和服务的交易中，公司仍然是重要的参与者。但是，国家、公民团体和利益攸关方可以发挥重要作用，使贸易对地方和国家经济发展以及公民生活的影响巨大。这种治理在很大程度上是为了确保贸易尽可能保持自由。但公民、劳工和环保组织自下而上地参与，也改变了治理的性质，使人们更加认识到目标、身份、负面溢出效应和地缘政治方面的差异。许多贸易治理都是在大陆区域范围内进行的，但世贸组织代表了确保全球自由贸易的最具雄心的治理机制。

本章要点可概括如下。

（1）区域已成为组织国际贸易最受欢迎的尺度和规模。共同边界或空间邻近通过对市场、地缘政治和体制的影响，加强了对区域规模经济的利用。

（2）三个主要解释区域化和区域化倾向的学派：新自由主义、新功能主义和建构主义。这三个学派普遍同意在增加区域主义的同时必须有一个体制建设的进程，但它们在如何实现体制主义的目标和手段方面存在着分歧。

（3）世贸组织诞生于1995年，取代了其前身关贸总协定，被赋予了更大的法律权力以处理贸易争端。贸易协定范围已扩大到包括贸易和劳工、贸易和环境以及知识产权等问题。

（4）区域主义最成熟的表现形式是欧盟，它已经实现了货币联盟。然而，事实证明，由于欧盟一体化的主要决定因素之一是交易成本效率，公民有时会对交易成本效率有所抵触，因此很难提高对欧盟的忠诚度。

（5）多数区域主义的努力仍然处于一体化的最低水平，即自由贸易区。北美自由贸易区和东盟就是两个这样的例子。两个区域拥有不同的发展结果。例如，东盟的区域内贸易额仍然相对较低，约占贸易总额的1/4。

（6）南方共同市场实现了比北美自由贸易协定或东盟自由贸易协定与关税联盟更高的一体化程度。然而，初级产品的专业化使得区域内贸易保持在相当低的水平。

推荐阅读

贸易治理文献的获得可以变成技术性的工作，特别是关于 WTO 规则、条例、协定和法律语言。WTO、欧盟和东盟等组织都有自己的网站（请参阅下面的参考资料），这些网站总结了它们的治理结构。要了解更多细节，可以参考以下书籍。

Hinkelman，E.G.（2005）*Dictionary of International Trade*. Novata，CA：World Trade Press. 想要快速了解贸易术语和概念，可以查阅这本词典。这是一本很好的参考书。

Soo，Y.K.（2010）*Power and the Governance of Global Trade：From GATT to WTO*.Ithaca：Cornell University Press.

McCormick，J.（2014）*Understanding the European Union：A Concise Introduction*. Basingstoke：Palgrave–MacMillan，6th edition.

推荐阅读的材料提供了一个跨学科的贸易治理观点。麦考密克（McCormick，J.）的著作是为那些对这一主题缺乏背景知识的人设计的。Soo Y.K. 的书更具批判性，记录了反对贸易治理的声音。

参考资料

有几个发布国际贸易统计数据的来源，包括国际货币基金组织、联合国和欧盟。许多统计数据可以从其网站上下载，但更详细的数据需要购买。

- 数据资源：

1. 国际货币基金组织（IMF）为多个国家编制了经济和金融数

据，包括贸易数据。

2. 国际货币基金组织（IMF）国际金融统计，华盛顿特区出口、进口、汇率、经常账户统计。统计数字按月、按年公布。

3. 国际货币基金组织（IMF）《世界贸易方向统计年鉴》，华盛顿特区。

● 网络资源：

以下网站提供了关于各种超级组织和世界组织历史、结构和演变的信息。它们也是贸易统计数据的很好来源。

世界贸易组织官方网址：http://www.wto.org；

欧盟官方网址：http://Europa.eu；

北美自由贸易协定官方网址：http://www.naftanow.org；

东盟自由贸易协定官方网址：http://Asean.org；

南方共同市场官方网址：http://www.mercosur.int（Spanish or Portuguese only）。

第五章 | 贸易和发展

中欧、中美贸易关系引发了媒体的广泛关注。英国广播公司宣称，尽管中国的出口增速减缓，但中国仍可能超越美国成为全球最大的贸易国家（BBC，2014）。中国出口的高速增长也引发了一定的问题：中国对欧洲和美国的贸易顺差引发了局部的贸易摩擦。20 年前，日本的情形与中国类似，日本与西方国家之间的贸易极不平衡，特别是欧洲和美国，20 世纪 80~90 年代经历了与日本之间的严重贸易逆差。中国、日本以及 19 世纪的英国有什么共同点呢？答案是：它们的增长由贸易引导且出口远超进口。一个国家的财富依靠贸易顺差，往往被视为重商主义，且可以追溯到英国 16~18 世纪通过出口商品所进行的资本积累。英国这一阶段实力的上升与其 GDP 及出口增长率相关，而英国这一阶段的 GDP 及出口增长率远超中国和日本。1870 年，英国处于鼎盛时期，人均 GDP（3191 美元）领先欧洲，荷兰（人均 GDP 2753 美元）和比利时（人均 GDP 2697 美元）紧随其后（Maddison，2006）。这一时期的日本仍相对贫困，其当时的人均 GDP 仅为 737 美元，远远落在欧洲之后；其当时的生活水平仅仅比中国和印度稍好一点。然而，20 世纪后期，这一模式开始颠覆。1998 年，日本的人均 GDP 增长到 20413 美元，而英国的人均 GDP 则停滞在 18714 美元左右。日本已成为全球第四大富裕国家，部分原因在于，日本知名企业如丰田和索尼等公司以高质量的制造业产品给消费者留下了深刻印象，日本开始向国际市场大量出口产品。

东亚和东南亚国家也效仿日本开始追求出口模式，这被世界银行（World Bank，1993）的报告称为“东亚奇迹”。该报告的作者提到，这些国家的 GDP 在 20 世纪 80~90 年代能够维持且经常达到两位数的增速，故将之称为奇迹，能够创造这一奇迹的原因在于这些国家“已正确掌握其基本要素”。根据新古典主义（传统的）经济学的观点，这一情况反过来又引发了高储蓄、高投资和高出口。日本的出口模式，有时被称为“雁行模式”，随着中国在实施经济现代化战略时跟随其邻国将出口作为核心产业，当前这种模式仍在亚洲部分国家和地区继续被复制着。“雁行模式”是一种隐喻，用于描述东亚国家相对优势的变化。它阐述了当某一个国家在制造业出口中占相当高的比例时，其产业就会相继腾飞（Fujita et al.，2011）。中国是“亚洲出口之雁”当中最新的一只，因其与西方国家的巨额贸易顺差而获得了比其绝大多数先驱们更多的关注。

1993 年的世界银行报告对亚太地区国家之经济受益于出口商品进行了充分描述。然而东亚国家的情况绝不能轻易地推广至该区域之外的其他国家，如非洲或者拉美国家。经济增长与发展是一个复杂的问题，贸易只是其中一个因素。早在 40 多年前，克拉维斯（Kravis，1970）就总结说，国际贸易应当被视为经济增长的“侍女”而非“引擎”。这其中隐含的意义在于，贸易并不一定能解释为什么有些国家增长迅速。但是，贸易确实能够将公司曝光于国际价格和竞争中。从这个意义上来说，通过提高产品、服务质量及产品性能，能够维持经济的增长（见本书第二章）。通过最近对欧盟 26000 多名市民进行的调查发现：总体而言，28% 的人认为，欧盟贸易政策应优先用于帮助发展中国家（TNS，2010）。北欧国家公民，如丹麦（37%）和瑞典（44%），相较贫困国家而言，如拉脱维亚（14%）和捷克共和国（14%）更乐意接受这一政策倾向。这一调查显示，至少国际贸易有一个优势，即对贫困国家的经济增长和发展产生了积极影响。但是贸易在这里又是如何记录的呢？它是否从经济上对发展中国家有所帮助？本章剩余部分将对这一问题进行阐述。

5.1 动态比较优势

为了了解贸易在一个国家的经济增长与发展中所扮演的角色，我们首先需要明确，“增长”与“发展”，虽然具有关联性，但并非同义词。一方面，经济增长指一个国家产量的变化。这一变化通常由这一国家真实的或者扣除物价上涨因素的国内生产总值或者国民生产总值来衡量。另一方面，发展是一个更广泛的概念。发展不仅考虑一个国家国民的物质财富，同时也考虑他们的社会和政治愿望。这就涉及更深层次的社会质变的问题，包括制度变迁，以及联合国提到的总体生活质量的多维度提高。大家通常认为，多年的 GDP 高速增长可能改善一个国家国民的物资生活条件和社会福祉，但是如果这一增长并非针对这些目标，则后者往往难以实现。举例而言，如果某一个国家的政府和组织将这一目标作为优先考虑因素的话，低增长国家的公民仍然能够过得相对幸福。不丹就是如此，尽管其物资层面相对贫乏，但是其国民个人福祉处于相对较高的水平。至少，我们都知道不丹是世界上“最幸福”的国家。

调查贸易对经济增长影响的计量经济学研究报告得出了一些结论。有些研究表明出口的影响是积极的（Poon，1995；Mijiyawa，2013）。另外一些研究发现，要么出口的影响是消极的（Kwabena，1991），要么，当人类资本积累到某一个临界值时出口对经济才会产生积极影响（Sheridan，2014）。尽管种种迹象模糊不清，但是东亚的 GDP 在过去 20~30 年的高增长率（偶尔能够达到两位数字的增长），常常与这种强化出口的产业化模式紧密相关。一种用来解释这些国家出口模式的方法是，巴拉萨（Balassa，1977）的比较优势动态模型。在这一模型中，巴拉萨将经济发展视为一种包含公司有形资产、技能、人力资本、技术和专门技能的逐渐积累的线性过程。在出现积累时，一个国家的比较优势将转变为反映要素密集度的相对移位。这就意味着，一个国家将通过奋起直追从生产低技术含量产品转化为生产技术含量更高的产品。巴拉萨设想，奋起直追的过程是分阶段进行的。某一个国家通过最早擅长的方面获得最初的动态优势，然后出口相对初级的生活消费品，这种出口通常与纺织品和服装相联系。在下一阶段，这个国家将通过用国内产品替代进口产品进行学习改造。一旦这个国家熟练掌握了进口产品的生产制造技术，它将开始出口这些产品。这一模式就是这样，在不同阶段进口替代与出口导向相互交织着进行，直到该国逐步在生产技术更复杂的产品中获得比较优势。

5.2 不等价交换

巴拉萨的分阶段比较优势动态模型，为通过贸易促进经济发展提供了一种规范架构。然而，多年来对非洲和拉美国家原材料的殖民剥削让人们对这些国家能够通过出口获利产生怀疑。这种怀疑可以追溯到两个源头。首先，正如我们在第二章探讨的那样，有影响力的学者，如劳尔·普雷比什（Raul Prebisch，1950）和汉斯·辛格（Hans Singer，1987）提出质疑：这些出口产品（通常是面向工业市场的）是否会像西方国家那样惠及拉美周边国家？他们争论道，拉美严重依赖出口导向的核心工业市场，反过来，这种依赖又加重了自殖民时代开始的发展中国家与工业化国家之间的不平等交换。鉴于发展中国家在原材料和廉价劳动力方面的天然优势，比较优势观点认为它们应该生产和出口低价值商品。然而，这种劳动力的空间区分却不公平地偏向西方核心国家。工业上的奋起直追不太可能实现，因为核心国家永远在先进科学技术上快人一步。表 5.1 展示了部分非洲国家主要出口产品价值占出口总额的比例。非洲国家主要出口类型为初级商品，包括棉花、咖啡、可可豆、蔬菜、鱼类、黄金、铁矿石以及矿产品。这些出口产品价值所占的比例从 41.2% 到 95.7% 不等。价格变化和贸易条件恶化往往导致市场不稳定，如果出口受制于不稳定的市场，初级出口产品大量集中则为发展中国家带来了困扰。

表5.1　2007~2013年部分非洲国家的主要出口产品价值占出口总额的比例

单位：%

<table>
<tr><th rowspan="2">国家</th><th colspan="2">主要产品及比例</th></tr>
<tr><th>非洲</th><th>世界其他地区</th></tr>
<tr><td>贝宁</td><td>石油、矿产品*（41.2）</td><td>棉花、水果和坚果（57.3）</td></tr>
<tr><td>乍得</td><td>棉花、纱线、纺织品（43.3）</td><td>石油、矿产品（95.7）</td></tr>
<tr><td colspan="3">赤道地区</td></tr>
<tr><td>科特迪瓦</td><td>石油、矿产品（45.6）</td><td>可可豆、石油、矿产品（63.6）</td></tr>
<tr><td>几内亚</td><td>石油、矿产品（78.8）</td><td>石油、矿产品（93.3）</td></tr>
<tr><td>埃塞俄比亚</td><td>蔬菜、活动物（67.1）</td><td>咖啡、油籽、水果（54.5）</td></tr>
</table>

续表

国家	主要产品及比例	
	赤道地区	
几内亚	鱼类、咖啡（52.1）	铝、天然气（66.1）
马里	黄金、活动物（86.1）	棉花、黄金（74.2）
毛里塔尼亚	鱼类、黄金（81.3）	铁矿石、铜（65.2）
苏丹	石油、矿产品（60.2）	石油、矿产品（87.4）

*矿产品指沥青矿物质。

资料来源：United Nation（2013b）。

正如第二章所阐述的，贸易比率的观点认为，发展中国家更专注于初级产品的出口而发达工业国家则更专注于制成品的出口。初级产品出口易受制于剧烈的价格波动，初级产品生产周期较长但其价格相对较低，长期而言这对发展中国家的贸易比率是不利的。表 5.1 似乎能够支持这样一种论点，因为有关非洲国家出口的制成品相对较少。据 2011 年贸发会议统计，2008~2009 年约 96 个发展中国家出口初级产品的价值占其出口总额的比例达到 50%。如果将燃油出口从中剔除，约有 58 个发展中国家的出口仍然依赖初级产品。但这并不是说，发达的工业国家不出口任何初级产品，例如，欧盟和美国都是小麦的主要出口地区，而美国是世界上最大的玉米出口国。同样的，澳大利亚和加拿大都是重要的矿产品出口地区，但同时，它们也出口汽车及工业设备等制成品。

相比之下，制造业在表 5.1 所列的国家中还处于起步阶段，这些国家同时也是世界上较贫穷的国家。这种出口结构转化为一种空间依赖格局，在更广泛的地理范围内可被认为是一种中心—边缘格局，即边缘发展中国家的出口依赖于发达国家的核心市场。一旦这种结构呈持续状态，久而久之，发展中国家将不太可能享有动态比较优势，导致其陷于欠发达的循环中。随着时间的推移，初级产品的出口也将时不时地受制于贸易比率的下滑。贸易会议提供的数据显示，1960~2010 年，农业原材料价格总体呈下降趋势（以美元不变价计算）（United Nation, 2011）。一种解释是，初级产品很容易被技术所替代。棉制品的例子就阐明了这一点。由于服装业能够利用更便宜的替代品如合成纤维来生产服装，其对棉花的需求不断波动，甚至已经下滑。鉴于发达工业化国家的技术和人力资本更为集中，制成品的出口价格更高，因为这些产品还需体现创新带来的收益。只要发展中国家的出口还依赖于核心国家，只要发展中国家还继续专注于出口低技术含量的初级产品，那它们就不可能获取这些收益。

发展中国家之间贸易比率不断恶化的现象并非最近刚发生。威廉姆森（Williamson，2011）在对贸易和贫穷的历史分析中表明，当欧洲经历工业革命时，发展中国家正在限制工业发展。例如，1750 年，印度和中国与西欧国家工业化程度相当，其生产产量占世界总产量的一半以上。随着欧洲制成品科技含量的提高，该区域生产力提升，全球区域分化进程开始，而全球区域分化则造成了现在的中心—边缘贸易格局。西方核心国家的发展比其周边发展中国家快得多。随着发展模式的分化，贸易模式也发生了变化。西方国家开始更多地专注于出口制成品，而发展中国家则专注于初级产品，这在中心和边缘区域造成了显著的劳动力空间分工。实际上，发展中国家参与国际贸易具有限制其自身工业发展的效果，因为出口专业化意味着其第一产业优于其制造业。此外，威廉姆森解释道，初级产品出口地区比制成品出口地区面临更大的价格波动，这一点也支撑着普雷比什和辛格关于贸易结构的阐述，即中心—边缘的贸易模式使外围国家的贸易比率持续下降，从而使它们处于不利地位。尽管部分发展中国家开始从出口初级产品提升至出口低技术含量的制成品，特别是服装制品，但是它们的前景仍旧低迷，许多低价制成品的贸易比率已经下降了。

不利的贸易比率意味着什么呢？其中一种含义是：遵照巴拉萨的比较优势模型的阶段发展可能相当困难，因为发展中国家正在不断进口生产资料，却没有基础设施或专业技术将其转变为出口制成品。普雷比什和辛格的理论在20世纪60年代对拉美国家造成了重大影响。他们关于改变出口结构和中心—边缘关系的解决方案为，致力于推进一项用国内制造业产品替代进口产品的工业化战略，这通常被称为进口替代工业化（ISI）模式。与此形成鲜明对比的是，东亚国家并未采取这种进口替代工业化模式，而是纷纷效仿日本的出口促进模式。东亚国家的出口促进工业化（EPI）模式给其增长和发展带来了积极效果，受到世界银行的高度评价。

5.3 进口替代和出口鼓励

从历史上看，西方经济的发展伴随着从初级品到制造业，再到高级生产性服务业的部门转型。尽管这种线性发展观点已经遭到挑战，但传统观点认为，工业化水平较高的国家应该创造更多的财富。西欧和美国被认为是核心地区，因为其在20世纪的绩效创造了前所未有的工业和贸易产出，缔造了“增长奇迹”（Williamson，2011）。发展中国家也被鼓励开启自己的工业革命。鉴于20世纪50年代和60年代普雷比什和辛格的贸易发展理论的流行，对于当时新兴的独立发展中国家而言，使其工业化但又避免其过度依赖核心国家的一个方法就是：实施进口替代工业化（ISI）模式。这些国家通过各种各样的贸易保护制度鼓励国内产业的发展，并用国家自己生产的产品来取代国外进口产品。这样做的理由是要保护国内产业免受国外更具竞争力的进口产品的损害，并改变发展中国家的经济结构（也就是说，使其工业化但不能过度依赖核心国家的市场）。实施进口替代工业化模式以保护国内产业的正当理由可以追溯到“幼稚产业保护理论”。这一理论认为，发展中国家的新公司和产业部门需要时间来发展生产力和提高效率，才能和国外公司竞争。人们认为，新兴产业效能相对不足，是因为其技术成熟度较低，工人技能低下以及市场知识匮乏。对进口产品征收关税成为保护新兴企业和产业部门的首要选择。有些人对这些政策持批评态度，认为这些政策鼓励了某些企业用补贴保护其产业的“寻租”行为。正因为如此，许多学者并不看好进口替代工业化模式。

进口替代工业化模式在20世纪60~70年代的拉美国家颇为流行。虽然进口替代的目标是转变中心国家和边缘国家之间不平等的贸易关系，使后者摆脱对出口的过度依赖，但是与20世纪80年代的东亚国家相比，这可能成为拉美国家经济增长较慢的原因之一。1870年，拉美和亚洲的产品出口额分别占全世界出口总额的9.7%和1.7%。这一时期，葡萄牙和西班牙在大西洋两岸大肆进行糖和棉花贸易。然而，到了1998年，亚洲产品出口额占世界总额的比例上升到了12.6%，而拉美所占比例却并不比其100年前所占比例有所提高。即使考虑了全部的出口产品，这一时期拉美的出口额所占比例依然从5.4%下降到了4.9%，而同时期的亚洲出口额所占比例则从13.9%上升到了27.1%。非洲的模式与拉美相似：出口在世界市场的比例，1870年占4.6%，到1998年则下降到了2.7%（Maddison，2006）。拉美和欧洲出口额所占比例的下降并不能单单归因于进口替代政策，但是进口替代政策仍可能是导致这一现状的推手之一。在1973年进口替代政策的高峰时期，拉美的出口比例降到了其历史最低水平（3.9%），直到1998年才开始回升。出口比例与人均GDP相比，拉美绝大多数国家在1980~1990年都经历了负增长（Maddison，2006）。针对进口替代政策的失败，一个重要的解释是，发展中国家没有足够强大的国内市场来支撑其自身制造业的发展。

第二种以贸易促进工业化进程的方式是：出口鼓励模式。按照巴格瓦蒂（Bhagwati，1988）的理论，这种方式并不意味着需要设计有利于出口的政策工具。相反，出口促进工业化（EPI）模式指的是去除针对出口的歧视。这一模式的既定目标是鼓励企业出口。出口鼓励这一概念是相对保护层级而言的，由于各国采取进口替代政策，保护层级在20世纪60年代十分流行。回想起进口替代工业化模式，保护主义通过“幼稚产业保护理论”实现正当化。出口鼓励逐步化解了保护层级，使其对出口重建了一个更为中立的回应。从这个意义而言，国家采取出口导向型政策并不意味着排除进口替代型政策，也并不意味着排除干预性政策，因为像日本或者韩国这样的东亚国家，与其南部邻居新加坡相比，其对对外直接投资的态度就没有那么开放。支持出口促进工业化模式的人认为，20世纪60年代，这些国家之所以投资出现腾飞，与其采取这种模式相关。实际上，对外出口不仅破除了国内市场规模的限制，也产生了更为丰厚的投资效益。表5.2对部分拉美、东亚和东南亚国家和地区的制成品出口额占其出口总额的比例进行了对比。1980年，东亚国家和地区如中国香港、韩国所占比例较高，达到90%。这意味着，这些国家和地区在1980年前后工业化进程很快，并且大规模对外出口商品。很显然，这三个区域都相对较小，因此，为克服其有限境内市场的限制，出口制成品尤为重要。但是区域并不能完全解释表 5.2 中的数值，因为拉美地区的小国如玻利维亚、智利、巴拉圭等的出口比例相对更小。同样地，当我们将这两个区域的大国用来对比，2013 年，印度尼西亚、巴西和阿根廷的制成品出口额所占比例较为相近，约占出口总额的 1/3。这些国家资源丰富，因此这一比例尚算可期。然而，墨西哥则不属于这一类型。与其邻国相比，墨西哥在 20 世纪 90 年代走上了一条出口鼓励之路，1980~2013 年，其制成品出口所占比例自 12% 上升至 74%。最有意思的国家可能是中国。中国有着庞大的国内市场，2013 年其制成品出口比例达到了 94%，对于一个如此庞大的国家而言，这远远超出了人们的预期。显然，制成品出口已成为一个国家工业化的重要驱动。

表5.2　部分拉美、东亚和东南亚国家和地区制成品出口额所占比例

单位：%

国家和地区	1980 年	1990 年	2013 年
拉美			
阿根廷	23	19	32
玻利维亚	3	5	5
巴西	37	52	35
智利	9	11	14
哥伦比亚	20	25	18
墨西哥	12	43	74

续表

国家和地区	1980 年	1990 年	2013 年
巴拉圭	12	10	9
秘鲁	17	18	15
乌拉圭	38	39	24
东亚和东南亚			
日本	95	96	90
中国内地	-	72	94
中国香港	96	95	69
韩国	90	94	85
新加坡	47	72	70
印度尼西亚	2	35	36
马来西亚	19	54	62

资料来源：《世界发展报告》多期数据。

总体而言，出口促进工业化模式支持者众，受到世界银行和国际货币基金组织的积极支持，通常被称为华盛顿共识。如果一个国家市场较小且没有能力消化其全部国内产品，则出口能使其扩展经济规模。然而，少数学者仍然坚持认为，进口替代工业化模式在促进发展中国家工业化进程中十分有利。例如，阿德沃尔（Adewale，2012）关于巴西和南非进口替代工业化模式的研究证实了后一种观点。进口替代工业化模式帮助巴西和南非从农业化国家向工业化国家转型。不论是更倾向于进口替代工业化模式还是出口促进工业化模式，公平而言，多数国家实施了两种策略混同的模式。从历史的视角，像阿根廷这样的国家，曾是主要的农产品出口国。相对东亚国家而言，其从农业产品出口向工业产品出口的转型速度较慢，并且其跨国公司对出口资源的兴趣远大于出口制成品。此外，进口仍是一项重要的机制。国家通过进口来获取其暂不具备技术和能力生产的中间产品。这一点在东亚地区也有所体现。东亚地区在不同时期，交替采取进口替代工业化模式和出口促进工业化模式，发挥了它们在不同阶段的比较优势。值得注意的是，不论是采取进口替代工业化模式还是出口促进工业化模式的相关政策，政府在国家增长和发展战略中都扮演了重要角色。

专栏 5.1　进口替代工业化模式与马来西亚的汽车制造业

为了振兴民族工业，马来西亚政府于 20 世纪 80 年代开始发展重工业。受到已形成民族工业的日本和韩国发展模式的鼓舞，马来西亚把目标投向了汽车制造业。1983 年，马来西亚第一家汽车制造商宝腾公司成立。为了发展宝腾汽车，第二轮进口替代工业化模式启动，其目的是培养国内汽车生产部门。这一轮进口替代工业化模式与 20 世纪 60 年代的那次不同。20 世纪 60 年代，政府认为建设重工业基地、与国内供应商建立垂直联系，可能使该国工业化倒退。这意味着加重保护层级，包括对国外零部件的进口限制以及对国内供应商免收关税。

特别是政府当时有志于发展本土马来阶层（指马来原居民），这些人口的经济水平远远低于该国华人。通过提升其在汽车产业中的参与度，马来阶层的供应商和销售商被当作推动经济发展的目标。

贸易保护主义力度空前。1982 年对完全组装汽车征收的关税税率为 90%~200%。宝腾公司完全拆装的零部件可享受免征 40% 的关税优惠政策。此外，在完全组装汽车和完全拆装零部件进入马来市场受到限制的同时，宝腾公司能享受非关税壁垒的保护。马来经销商从自制率（local content requirement，LCR）政策中获利，用政策限制了本地生产商进口汽车零部件（如散热器和轮胎）的能力。然而，马来西亚依然对外商直接投资开放，因此，许多进口替代工业中都有外国企业的参与。日本三菱公司被邀请作为股东，向宝腾公司提供技术支持和零部件。这种合作关系使日本公司大大受益。宝腾公司的竞争者在进口组装汽车所必需的零部件时需要比宝腾公司多缴纳 40% 的关税，而宝腾公司在使用三菱公司的零部件时无须支付关税。

至今，宝腾公司的情况仍有几分复杂。一方面，该公司成功地向英国出口汽车；另一方面，其国内市场狭小且无力提高产量，导致其生产成本仍相对较高。批评者认为，马来西亚汽车工业虽然得到了发展，但由于该产业链前端和后端的问题，其工业基础在不断恶化，因为其许多零部件仍依赖进口，且其核心技术还掌握在日本合作伙伴手中（Lim，2001）。同时，由于该汽车工业是在政府的大力扶持之下发展起来的，与国外竞争对手相比，其效能相对不足。Gunasegaram（2010）在马来西亚新闻媒体上撰文指出，宝腾汽车的价格与其质量并不相称，因为该汽车生产商被保护得太久且技术上未能跟进。与此形成鲜明对比的是韩国。在韩国，本土企业（而非外国企业）通过进口替代工业化模式在打造国家冠军企业中起到了带头作用。

5.4 亚洲的雁行模式

5.4.1 日本：衰老之雁?

并非人人同意东亚地区高增长的原因在于出口促进工业化模式。世界银行关于东亚奇迹的报告发布之后不久，克鲁格曼（Krugman, 1994）发表了一篇具有争议的文章。在文中，他指出东亚地区的经济增长受资源调动的影响，但这并没有带来生产力或者生产效能的提高。他还认为，资本投资，而非出口引发的生产力，造就了高增长率。例如，1980 年东亚经济体的投资额占 GDP 的比例远远超过了 30%，其中新加坡最高，达到了 45%。其他批评者也开始对当时盛行的正统说法表示质疑。

在试图解释偏离正统现象的众多理论中，查默斯·约翰逊（Chalmers Johnson，1982）提出的“发展状态理论”（DST）最为流行。约翰逊将日本作为研究案例，从制度上对亚洲国家的经济增长进行了解释。他提出了国家在经济发展中的首要任务。在他提出的模式中，自由市场的操作有一定的自由度，国家则被假定为在达成发展目标方面发挥主导作用。政府实现经济增长依靠的主要制度工具是“政府技术统治”。最好的大学培养出来的高学历学者被招募入职政府行政机构。有才能的精英官僚们设计制定产业政策，并通过提供咨询和协作促进产业成功壮大。公司无须经受来自证券市场的压力，这使其能够坚持长期的市场策略。约翰逊将日本的贸工部作为研究前述协作的主要样本。贸工部有权通过控制进口来保护国内产业。这种保护使我们联想到战略贸易学者们提出的观点，他们将进口限制视为发展壮大民族企业佼佼者（如丰田公司）的产业政策策略。在其提供的协作中，贸工部通过设立日本开发银行拓宽了产业接触大额信贷的渠道。在某种意义上，制度安排如支持进口限制、出口补贴与促进，这种干涉性的举措，才是出口鼓励模式在日本奏效的原因。

日本另一个与制度安排有关的案例是综合商社。在历史上，从事贸易的代理商不仅包括商人，也包括大型贸易公司，如英国的东印度公司和日本的住友商事、三菱综合贸易公司。后者有时被称为“综合商社”。这个术语指的是，与世界上任何国家从事各种商品和服务贸易的公司。在19世纪前10年中期，日本结束了其地理隔离，通过开放港口开始从事商品和服务贸易。综合商社的出现，帮助国内生产者进入国外市场。综合商社进口原材料，出口日本产品，并帮助日本获得技术，支持日本实施工业革命。它们甚至能够提供贸易法和风俗方面的信息，一直到20世纪90年代初期，综合商社管理着日本一半的交易。直到现在，综合商社的进口超过出口，在企业联盟中扮演着石油和矿产品的战略供应商的角色（NUCTAD，2004）。米仓和麦金尼（Yonekura and Mckinney，2005）指出，综合商社应被视为日本早期的跨国公司。在某种意义上，它们与东印度公司并无差别。18世纪，东印度公司负责为英国、印度和中国之间的贸易提供便利。随着时间的推移，它们的角色从贸易公司转换为世界上最早的跨国企业（Bowen，2005）。然而，综合商社的作用随着时间的推移逐渐减弱。因为21世纪的贸易变得越发复杂，涉及大型跨国公司、供应商以及全球－区域生产网络之间的战略伙伴关系（Yeung，2016）。

制度安排并非影响日本出口成功的唯一因素。20世纪90年代一个流行的观点认为，文化因素同样造就了日本出口的成功。那时候，评论员认为，文化嵌入实践阻碍了外国产品的进口，这就导致日本在20世纪80年代和90年代巨大的贸易顺差。劳伦斯（Lawrence，1993）指出，正是日本的贸易体制不同于西方国家，才造就了其二战后经济的发展。鉴于此，他指的是日本产业集群（企业联盟）中不同形式的企业网络。一个纵向结构的企业联盟，包括一个主要的生产商和一层层的供应商，如丰田、尼桑、日立等，都倾向于依靠日本供应商，它们与日本供应商之间建立了对零部件的信任关系，则极有可能将国外供应商排除在外。此外，还有专注于经销的企业联盟，它们建立网络，将批发商和零售商聚集起来，购买生产商的产品。劳伦斯指出，生产商、供应商和经销商之间紧密的联系对国外进口形成了文化障碍。

尽管上述制度和文化安排可能对日本与许多西方工业化国家之间的贸易顺差做出了贡献，但随后也发生了一件改变日本同世界其他国家之间贸易进程的事件。依照 1987 年的广场协议，日本同意日元对七国集团（G7）升值。协议的目标是，通过提高日本向七国集团（G7）的出口价格、降低日本消费者和公司进口产品的价格以减少日本的贸易顺差。货币升值对经济的影响巨大。日本公司开始将工厂迁往远离本土的东亚和东南亚国家。马来西亚，作为日本最受欢迎的对外投资目的地，成为日本电子工业对其他工业化国家主要的出口平台。反过来，日本产业在东亚的扩散造成其自身制造业的中空，降低了国内投资的质量。对外投资可以被贸易替代。在这种情况下，日本的对外投资开始取代国内生产，而非补充国内生产活动（Cowling and Tomlinson，2011）。日本 1/3 的电子产品在境外生产，这种制造产业中空带来的总体冲击是，日本进入了一个至今仍在持续的去工业化时期，尽管其工业衰退的速度比西欧国家慢。20 世纪 80 年代后，日本于 2014 年 8 月首次出现了 920 亿美元的贸易逆差记录。虽然日本曾经是该地区的“领头雁”，但遭到了工业化邻国的挑战，如韩国和中国。

5.4.2 东亚：成熟的“雁行模式”

20 世纪 50 年代早期，韩国和中国台湾地区均相对贫困，人均收入比非洲的莫桑比克还低（Trindale，2005）。随后 50 年，这两个亚洲经济体，还有新加坡和中国香港地区发展迅速，生活水平逐步赶上西方国家。这四个经济体在相对较短的时间内成功地摆脱了贫困，一直是人们关注的焦点。韩国人口数量达到 5000 万人，巴西和墨西哥与之相比，只能算是人口小国。其他三个经济体人口体量较小，从 500 万人到 2300 万人不等。国家或地区内市场狭小意味着其更倾向于依赖出口和对外开放。评估出口依赖程度的方法之一是，测度出口额占 GDP 的比例，正如表 5.3 所示。大国（地区）的出口额占 GDP 的比例比小国（地区）要低。中国内地和墨西哥的出口额占 GDP 的比例在 2013 年达到峰值，但仍然远低于小国（地区），如比利时、荷兰、中国香港、马来西亚以及新加坡。一种解释是，大国（地区）可以依靠其国（地区）内市场来购买其生产的产品。例如，美国的企业能够享受规模经济带来的红利，因为它们的国内市场足够广阔，对国际市场的依赖较小。受东亚国家（地区）的激励，墨西哥在 20 世纪 90 年代开始推行经济自由化，受北美自由贸易协定的驱动以及美墨联营工厂蓬勃发展的影响，墨西哥出口额激增。中国香港和新加坡2013年的出口额占GDP的比例都相当高，大大超过100%。作为小型经济体，它们可以实施大量的转口贸易，而非从事内部生产，这就导致该比例超过100%成为可能。转口贸易就是再出口，无须进行额外加工或增值。

表5.3　部分国家（地区）的出口依赖

单位：%

国家（地区）	出口额占GDP的比例	
	1980年	2013年
大国（地区）		
日本	13	15
美国	10	14
中国内地	8	26
巴西	9	13
印度尼西亚	34	24
墨西哥	11	32
小国（地区）		
比利时	54	86
荷兰	52	88
中国香港	89	230
马来西亚	57	82
韩国	30	54
新加坡	202	191
泰国	24	74

资料来源：《世界发展报告》多期数据、《贸易统计年鉴》多期数据。

东亚出口之雁——中国香港、新加坡、韩国的情况见表5.3。1980~2013年，三个国家（地区）不断调整出口强度。无怪乎，这三个国家（地区）通过采取出口促进工业化的模式，与像加拿大、德国、美国和英国这样的G7工业化国家之间的贸易产生了良好平衡。这种积极的贸易平衡在21世纪初期达到峰值。然而，2013年，中国香港和新加坡对美国的产品贸易开始出现逆差。[①] 造成这种逆差的原因是，亚洲国家（地区）跻身工业化国家（地区）行列，增加诸如机械等技术密集型商品的进口也减少了劳动密集型产品的出口，贸易逆差显现。值得指出的是，到21世纪初期，这三个国家（地区）对日贸易逆差明显。虽然它们自然资源丰富，但需要大量进口石油、天然气和矿产品。但是，这并非对日贸易逆差的唯一原因。日本在该区域的投资也发挥了一定的作用。不过，随着日本去工业化程度的加深，逆差状态近期似乎出现了逆转。

多年来，由于韩国国内制造业相对强劲，韩国与除日本以外的大多数G7国家都享有贸易顺差。韩国大集团生产着拥有世界级品质的汽车和手机，如现代（Hyundai）、三星（Samsung）和LG电子（LG Electronics）。发展状态理论认为，早在20世纪60年代，韩国（跟日本一样）也在其战略贸易和产业战略中采用出口促进工业化的模式。为了鼓励出口，实施了十多项产业政策干预措施。这些措施包括，向作为出口工业

① 美国贸易代表办公室，http://www.ustr.gov。

企业投入的中间产品或资本货物进口免征关税，引入可以对出口工业企业免除进口限制的资质证书，对出口工业企业的国内供应商实施税收优惠，为出口商提供优先获得包括银行贷款在内的信贷支持。甚至还有“出口节”，向顶级出口商授予奖项。除了贸易干涉以外，韩国还采取了其他措施来构建发展型国家。成立国营公司以领导政府的出口促进工作。例如，韩国的第一艘船就是由这样一家公司建造的。项浦钢铁公司作为国营公司的代表，目前是世界第六大钢铁生产商。该公司最开始是接受政府补贴的国营公司，后来自我转型成为跨国公司。韩国工业的进化史表明，出口促进工业化的模式展现了比较优势动态过程：自 20 世纪 70 年代的纺织和服装业开始，到 80 年代的船舶制造等重工业，再到当前的科技产品出口。虽然政府似乎放弃了自 70 年代和 80 年代的干预措施，但许多人认为，如果发展型国家没有强化其战略贸易和产业政策，出口促进工业化将不可能发生。最近更多的著作认为，受到发展型国家理论影响，国内制度因素需要与外部因素相互补充，如美国军事贸易在促进跨太平洋区域生产网络形成方面的作用。格拉斯曼和崔（Glassman and Choi，2014）的研究表明，美国军事综合体的建立催生了韩国的出口需求，并通过技术转化的帮助发展壮大了韩国财团。

对于中国香港、中国台湾和新加坡等其他东亚出口国家和地区而言，劳动力成本不断上涨意味着，跨国公司和当地公司都会选择将其生产基地或工厂迁往中国大陆和其他工资较低的东南亚国家或地区。特别是中国香港、中国台湾和新加坡的公司已经开始对中国大陆、印度尼西亚等国家（地区）投资，构建区域生产和贸易流通网络。中国台湾的鸿海精密工业股份有限公司，又名富士康，就是其中一例。该公司是世界上最大的电子公司之一。就如在第一章中介绍的那样，富士康以设计制造商起家。该公司向苹果、索尼和微软游戏机提供设计工程和机械模具服务。富士康在中国大陆拥有大量的业务，它在深圳的工厂就如同一个小园区，其上百万名员工中有 1/4 员工的餐饮、住宿和体育设施都是这个工厂来提供的。为了获取更低的人力成本，富士康还将其业务扩展到了中国内陆省份——河南。该公司的省内外次区域贸易网络对所在地区的经济发展具有重要意义。有报告估算，富士康公司来自河南的出口量占该省贸易量的一半以上（Want China Times，2013）。正如我们在第三章中概述的那样，公司是主要媒介，负责部件和中级产品的流通；这些产品的流通，通常被整合进跨国公司的区域或全球生产网络。然而，这种整合的一个后果是：政府像过去那样设计产业政策的能力正在减弱。取而代之的是，这些国家的承包公司在执行具体分包任务时，能够轻而易举地将自己安插进全球生产网络中，通过技术升级促进以出口为基础的产业的增长。因此，在保持未来经济发展方面，发展型国家的关联性遭到了质疑（Yeung，2016）。

5.4.3 中国："翱翔"抑或"蹒跚"之雁？

中国2001年加入世贸组织，与其工业化进程紧密相关。自1978年对外开放以来，中国迅速获得了大多数针对发展中国家的外商直接投资。当前，中国已经超过美国，成为世界上最大的外商直接投资接受国（Forbes，2012）。从一开始，中国就走上了工业化的道路。与其他许多发展中国家不同的是，中国的重工业基地在社会主义初期已经建设成型。虽然当时以国有企业为主，但同时也存在一些民营资本。例如，直到20世纪50年代后期，一家英国公司还在控制着一家毛纺厂。然而，由于冷战的原因，美国施加了贸易禁令，20世纪60年代的贸易受到严重影响。中国的海外资产受到控制，中国的交通运输系统也被削弱（Bramall，2009）。当中国向国际贸易和外商直接投资开放时，这一状况发生了改变。中国经济发展迅猛，迅速超过日本等国家，成为当今世界上最大的贸易国。事实上，中国被公认为世界上最大的出口工厂。每年生产价值数亿美元的鞋类、纺织品、服装和玩具，通过全球生产网络，在像沃尔玛（Walmart）和玩具反斗城（Toys "R" Us）这样的大型零售连锁店的货架上对外销售。工业和出口结构的改变（如表5.2所示）与20多年来经济两位数字的增长率并行，截至2017年底，让6.8亿人口从极度贫困中脱离出来[①]。

① 出自2018年政府工作报告，这里的"极度贫困"按世界银行标准，指每日生活费少于1.25美元。

在国际上，中国与世界经济的融合对当时盛行的贸易关系和地理格局造成重大影响。日本等曾因工业和重商主义的政策受到批判，如今已不再是被关注的焦点。然而，正如在第一章揭示的那样，随着欧盟和美国对其与中国之间贸易不平衡的担忧，焦点已经转向中国。随着时间的推移，这些国家与中国之间的贸易逆差似乎在不断扩大，而且其规模比与中国之前的亚洲先行者的贸易逆差累加起来还要大。中国与部分国家（地区）的进出口情况如表 5.4 所示。1990 年，大多数 G7 工业化国家以及印度尼西亚、马来西亚和南美地区对中国贸易都是顺差。然而，接下来的 20 多年，这一趋势反转。2013 年，日本、德国、马来西亚和南美地区对中国贸易为顺差。有趣的是，撒哈拉以南的非洲国家和中东国家对中国的贸易状况已经从赤字转为盈余。总的来说，表 5.4 揭示了三层含义。第一，德国是中国在欧洲最重要的贸易伙伴。欧盟对中国的出口近一半来自德国，以大众、巴斯夫等公司为首。中国转向德国购买机械等产品，认为中德贸易关系不像中美贸易关系那样受到意识形态的驱动。第二，当前东亚和东南亚的区域内贸易占整个区域全部贸易量的近一半。从地理上看，这意味着该区域各国彼此之间的贸易量正在增加，特别是与中国之间的贸易量的增加。例如，中国现在是日本最大的贸易伙伴。仅仅 10 年前，日本最大的贸易伙伴还是美国。事实上，中国已经成为东亚或东南亚大多数国家的最大或者第二大贸易伙伴。鉴于该区域过去对核心西方市场的严重依赖，日益增加的区域内贸易是里程碑式的重大发展。第三，中国从资源丰富的发展中国家进口原材料，并向更多的发达国家出口中级产品和生活消费品，贸易三元模式开始显现。这一点能够解释为什么中国对亚洲以外的发展中国家的贸易是逆差状态。中国海关统计的贸易数据显示，2013年中国排前五位的进口商品中，有三种是来源于非洲、中东和南美的以资源为基础的出口产品，包括塑料、原油和铁矿石。尽管发生了这些变化，但中国排在前列的出口产品都是面向富裕国家的制成品，包括自动数据处理机和设备、无线电话设备、纺织品和服装、钢材和家具。

制造业如何在中国对外出口中快速地占据了主导地位？从以上章节看出，一种解释是，中国通过吸引外商直接投资，成功地将其企业与外国企业的全球大宗商品链相关联。另一种解释认为，关键在于其产业政策。在自由贸易狂热者看来，产业政策引发了保护主义者的恐惧，为了培植具有国际竞争力的民族产业，这些产业政策旨在保护某些行业。然而，谷歌首席执行官埃里克·施密特（Eric Schmidt）认为，要引领下一次工业化浪潮如纳米技术，西方国家需要采用像日本、韩国和中国那样的产业政策模式。早在20世纪90年代，就有学术作品对他的呼吁表示支持。罗拉·泰森（Laura Tyson，1992）是伯克利大学的一名教授，她曾在1995年担任比尔·克林顿（Bill Clinton）总统的经济顾问。她认为，比较优势的原则不适用于技术密集型的产业部门，因为这些产业部门以准入壁垒高、规模经济、知识溢出为特征，这些特征

表5.4　中国与部分国家（地区）的进出口额

单位：万美元

国家（地区）	1990年		2000年		2013年	
	出口额	进口额	出口额	进口额	出口额	进口额
G7						
加拿大	42963	145505	315784	375108	2921672	2523697
法国	64609	162548	371589	395125	2694847	2311929
德国	185644	266347	927779	1040873	6734250	9415675
意大利	83515	105336	380202	307843	2575266	1757381
日本	901098	758712	4165431	4150968	15013259	16224557
英国	64303	137943	631010	359247	5094213	1907879
美国	517533	657090	5215643	2234757	36906386	15339486
东南亚						
印度尼西亚	37902	80322	306182	440195	3693049	3142428
马来西亚	34076	84228	256487	548000	4593060	6015318

续表

国家（地区）	1990 年		2000 年		2013 年	
	出口额	进口额	出口额	进口额	出口额	进口额
菲律宾	21010	8502	146441	167732	1986813	1818183
新加坡	197458	84078	576104	505963	4583186	3006451
韩国	125953	68397	1129236	2320741	9116495	18307292
泰国	79362	37099	224325	438079	3271790	3852268
越南	386	337	153726	92915	4858630	1689190
其他发展中地区						
南美	25614	108630	360341	477874	8434336	10986835
SSA*	39661	29568	360216	534127	7081978	11069114
中东	126329	52099	820140	1021610	11901163	16290979

* 撒哈拉以南非洲。

资料来源：联合国商品贸易统计数据库。

致使难以适用自由贸易的竞争规则（见本书第二章的“新贸易理论”）。她认为，国家应该采取能够“管理”贸易的战略贸易政策，贸易可以通过贸易协定、固定数量、进口目标或者限制市场准入等方式得到管理。后者可能暗指第四章讨论的某种形式的保护主义。

尽管当前管理贸易的呼声有所减弱，但中国仍旧是世界上最大的反倾销行动的对象，这表明，有管理的贸易仍旧十分盛行（见专栏 5.2）。其中一个原因是，中国与西方国家之间的技术竞争加剧，这在中国的民族产业中表现得最为明显，比如汽车制造行业和太阳能行业。中国政府用大型国有企业来带头创建国际优势产业。在政府倡导下，太阳能电池板领域已经取得巨大发展，这一点我们将在第七章深入讨论。欧盟对中国的太阳能玻璃面板征收了高达 42% 的进口关税，而美国则对使用某些组件的中国太阳能电池板征收 18%~35% 不等的关税。技术产业部门的保护政策并不是决定贸易紧张的唯一因素。中国还被指控进行人民币贬值，这一情况常被称为“货币战争”。为了鼓励出口、阻止进口，货币价值保持在较低水平。为了应对货币升值的压力，2012 年人民币获准贬值。但是，这也并未显著改变中国与其他国家如美国之间的贸易不平衡状态。其理由之一是，在一个全球一体化的生产网络世界中，“美国”产品或“中国”产品是如何构成的，并不能完全从地域上进行区分。以日本丰田公司生产的讴歌（Acura）汽车为例。近 65% 的讴歌汽车包含美国生产的零部件。相比之下，美国福特（Fusion）汽车的零部件仅有30%左右是美国制造的。因此“中国制造”的标签并不能完全反映中国出口的全部情况，因为中国出口产品中有很大比例是由国外公司制造的（Pan，2009）。

也许因为中国的工业化进程和发展太过迅速，取代了之前亚洲领先经济体的地位，也改变了该区域范围内的以及亚洲和西方国家之间的贸易模式。中国改变了经济竞争的性质和亚洲国家之间的地缘政治联盟。例如，中国提议成立了亚太自由贸易协定（FTAAP），将与美国主导的跨太平洋伙伴关系协定（TPP）展开竞争（见第四章）。跨太平洋伙伴关系协定目前将中国排除在外，与此同时，亚太自由贸易协定则与中国一起积极寻求扩充成员的机会，并恢复不干涉区域贸易的东南亚国家联盟（ASEAN）风格（Channel News Asia，2014）。但是，不能遗忘的是，中国的贸易量是由少数几个省区市推动的，这反映了外商直接投资以及港口基础设施在东部沿海省市的地理集中。此外，还有大量中国公民仍较贫困，特别是那些远离工业化更发达的东部沿海地区的内陆居民。此外，自2015年以来出口一直在下降，这意味着中国的增长模式可能会失去势头。

尽管如此，中国以国际贸易体系中一个主要参与者的身份出现，导致了亚洲其他国家（地区）之间地理区位的调整。美国和欧盟仍然是东亚和东南亚国家（地区）出口的重要目的地。然而，重商主义倾向的实践在这些成熟的亚洲经济体中也已逐渐减弱。例如，美国人口普查统计数据显示，到20世纪90年代末期，中国香港和新加坡开始增加从美国的进口。自那时起，它们进口大量机械设备、电力机械、宝石、贵金属、航天器材和医疗器械，与美国之间的贸易开始出现逆差。与此同时，日本对美国的贸易顺差急剧减少了41%，从1990年的超过411.04亿美元减少到2014年的241.92亿美元。与之相反的是，中国对美国的贸易顺差在此期间增加了10倍，达到108.6亿美元。同样的，据欧洲委员会统计，欧盟对美国虽然还享有贸易顺差，但是欧盟2014年对中国的贸易逆差额大于当年美国对中国的贸易逆差额，欧盟28个国家加在一起对中国的贸易逆差额达到1378.49亿美元。中国对工业化国家和正在工业化的国家享受贸易顺差的同时，大量对外直接投资涌入中国。这一情况使中国成为世界上最大的对外直接投资接受国和世界上最大的制成品出口国。因此，中国赢得了“最大世界工厂”的称号。

专栏5.2　钢铁行业的管理贸易

中国曾经是一个无足轻重的“钢铁生产商”，但现在已经超过日本和韩国成为世界上顶级的钢铁生产国，后者曾是20世纪70年代和80年代的主要钢铁生产国。中国现在生产了全世界一半的钢铁。钢铁不仅是许多工业产品制造的原材料，而且绝大多数建筑物和基础设施建设（如桥梁）需要钢铁的支撑。作为新兴的正在进行工业化的经济体，中国许多行业包括建筑业需要大量钢铁投入。中国大部分的钢铁自澳大利亚进口。然而，中国还在积极地搜寻新的进口来源地，包括西非、加拿大以及美国。2010 年，为了获取电弧炉炼钢技术，中国的鞍山钢铁集团公司决定向美国的五家小钢铁厂投资。迄今为止，中国的钢铁产业仍在使用高炉冶炼和氧气顶吹转炉技术来生产钢铁。电弧炉炼钢技术较之高炉冶炼技术节能高效，同时，使用高炉冶炼技术费用更高。这项投资引发了来自美国钢铁行业的抗议，他们声称中国正在通过控制出口来实现不平等贸易。这种对出口的控制目的在于防御国外竞争，保护本国的钢铁产业。

过去 30 年来，钢铁贸易极具争议性。自 20 世纪 90 年代开始，美国钢铁公司就开始投入反倾销措施来限制钢铁进口，不屈不挠地向美国公众开展“为钢铁站起来”的活动。反倾销措施是由 20 世纪 60 年代的自愿限制出口引起的，当时日本和欧洲都通过自愿同意与美国的进口配额来缩小贸易冲突的规模。东亚国家当时常常被视为目标，因为那时候，他们是向美国出口钢铁的主要出口国。《经济学人》(1999) 报道，美国钢铁行业在那 10 年中针对 18 个国家发起了约 20 次反倾销和 10 次反补贴行动，并导致进口关税的征收。美国钢铁行业的主要争论点在于，亚洲国家政府实施的产业政策授权其钢铁工业企业以较低价格对美出口。钢铁贸易管理体制似乎与自由贸易原则相冲突，因为其多年来一直在管理贸易政策控制之下（Yoshimatsu，2003）。但是，有些学者认为，当外国竞争者的产品受到补贴时，管理贸易可能会有所调整。钢铁贸易尤其受到美国国会和总统的关注，因为这是美国制造业中心地带的重要产业，是美国民族产业可信赖的国内供应商，为该国东北地区居民提供了许多就业岗位。

最近，钢铁贸易冲突转移到了中国。正如钢铁在20世纪对于美国制造业的重要性一样，钢铁对于如今的中国而言也是一个战略性产业。那么，政府渴望在国内扶持钢铁产业而引发美国钢铁出口商的愤怒也就不足为奇了。美国钢铁工业之前是用其国内制度如商务部和国际贸易委员会对不公平贸易行为进行投诉，与此相反，现在是转而投向世界贸易组织处理其与中国的争端。美国指控中国对其高科技的钢铁出口制品征收反补贴税和反倾销税。中国则宣称美国出口是用低价打压其国内制造商，之后实施这些措施的。以高科技取向冷轧电工钢案为例，这种产品常用于制造高效率变压器和发电机，国际组织的裁决对美国有利。该争端的详细情况可以在世界贸易组织的网站上找到。从美国的视角而言，像世界贸易组织这样的国际组织为其提供了解决贸易争端的正式和便利的机制。但从中国的角度而言，世界贸易组织的司法实践对发展中国家而言太过复杂，因为它们还在学习法律语言。尽管如此，钢铁贸易说明，贸易并不是发生在制度的真空中，而是可能在国家经济之间进行战略性的“管理”。

5.5 小结

本章重点突出了贸易和经济发展之间的复杂关系。这种关系的要点如下。

（1）传统观点认为，发展中国家应该通过动态比较优势分阶段提高其贸易产品的技术投入。

（2）动态比较优势理论遭到拉丁美洲学者的反对，他们认为这一理论是静态的，创造了不利的贸易比率，使中心－边缘的贸易模式永续存在。

（3）不利的贸易比率激发了拉美国家实施进口替代（IS）政策。进口替代政策有促进这些国家技术升级的潜能。这种工业化策略得到了来自保护主义政策的支持。

（4）东亚和东南亚国家转向出口促进战略（EPI）来实现工业化。它们通过本币贬值的重商主义做法，导致了其与许多西方国家之间的贸易顺差。

（5）日本、韩国、中国台湾以及新加坡的出口鼓励得到产业政策、技术政治和企业间联盟的支持。以上这些都是在发展型国家理论中首次被提出。随着全球生产网络的兴起，这一理论在当前形势下已经变得不那么重要。

（6）中国已经成为“最大世界工厂”，并与亚洲和西方许多国家（地区）之间存在贸易顺差。中国还扩大了与非洲和拉美之间的原材料贸易。

推荐阅读

- CEPAL（2014）Global Value Chains and World Trade：Prospects and Challenges for Latin America.Economic Commission for Latin America and the Caribbean（Cepal.org）。该报告试图阐明全球价值链以及拉美如何参与其中。报告侧重于农业部门，并探究小农如何在这种贸易中发挥作用。

- Wallerstein，I.（2004）*World Systems Analysis：An Introduction*. Durham：Duke University Press. 这本书具有高度可读性。追溯了中心—边缘的历史根据，认为这一理论知识来源于发展中国家的学者。该书将中心—边缘联系到一个框架上，这一框架将资本主义过程视为在世界体系更大结构范围内发生的。该书还揭示了贸易是如何与生产的空间结构相关联的。

- Yeung，H.W.C.（2016）*Strategic Coupling：East Asian Industrial Transformation in the New Global Economy*.Ithaca：Cornell University Press. 战略耦合对发展型国家提出了批评和反思。作者认为，随着东亚国家的企业与全球生产网络的日益整合，国家在决定贸易结构方面的作用已大大减弱。

参考资料

本章绝大多数数据来源于：

- 亚洲开发银行，亚太地区主要指标，见 http：//www.adb.org；
- 联合国商品贸易统计数据库，见 http：//comtrade.un.org；

- 国际货币基金组织，国际金融统计数据库，华盛顿特区关于出口额、进口额、汇率、往来账户的统计资料，按月或按年公布；
- 国际货币基金组织，《贸易统计年鉴》，华盛顿特区；
- 贸发会议（http：//unctad.org）；
- 世界银行，世界发展指标数据库；
- 世界贸易组织（WTO），http：//www.stat.wto.org。

第六章　贸易的影响

2011 年 9 月，《经济学人》发表了一篇名为《原来跨国公司终究邪恶》的文章。作者提到了美国能源公司康菲石油公司（ConocoPhillips）在中国东北部的渤海湾造成的石油泄漏事件。事发项目是由美国康菲石油公司和中国海洋石油总公司（CNOOC）合资经营的。尽管中国海洋石油总公司拥有该合作项目约 51% 的股份，但康菲石油公司因向该海域泄漏了约 3200 桶石油遭到了强烈批评。中国的该次石油泄漏并非过去 20 年来首次发生的环境灾难。在渤海湾漏油事件发生一年前，英国石油公司（British Petroleum）的钻井操作者控制的一架石油钻塔沉入水中，造成墨西哥湾井喷事件。随后，该公司的输油管道历经三个月的石油泄漏，向该海域倾泻了近 500 万桶石油。

作为贸易的主要媒介，跨国公司对环境的消极影响并非其带来的唯一负面效应。在孟加拉国，2012 年和 2013 年发生的两次火灾造成了 1000 余人死亡，大部分是女性服装工人。大多数工人是在为 Gap、汤米 · 希尔费格（Tommy Hilfiger）

和沃尔玛（Walmart）等公司生产服装。环境和劳工活动家主张，跨国公司在寻求低劳动力成本和自然资源的同时，其全球生产网络通过生产活动创建了不安全的工作条件和消极的外部环境。但是并非所有的市民、工人或组织都从跨国公司的贸易活动中遭受损失。事实上，贸易也是有赢家的。在第二章，我们已经探究过一系列的贸易模式，这些贸易模式表明贸易在产生收益的同时，也为消费者和企业等带来损失。在第五章，我们阐释了出口对东亚国家（地区）增长和发展做出的贡献。贸易中谁赢谁输这一问题相当复杂。本章将概述贸易对国家（地区）和消费者、工人、企业等带来的一系列影响，并将贸易获得的纯效益最终交由读者来判断。

6.1 特殊经济区

早在第五章，我们就看到中国已经自我转型为主要的服装、玩具和鞋类的出口国。这些产品中大多数的低端制造是在几个被称为“特殊经济区”（简称 SEZs）的地理区位上进行的。随着公司将其生产外包或者国际化，这些地区通过参与企业供应网络的劳动密集型生产环节，努力将自身融入跨国企业的全球价值链中。政府通过建立特殊经济区来促进贸易并吸引外商直接投资（FDI）。特殊经济区的名称各异，取决于区域的空间范围、海关制度以及区域经济政策的性质。最早的特殊经济区被称为自由港，能够追溯到像中国的澳门、香港和新加坡这样的转口中心，因其位于19世纪欧亚主要贸易路线的聚集处，故成为最早的特殊经济区所在地。它们的主要功能是进口商品，之后对这些进口商品进行分级、分类并进行简单的生产加工后再出口至其他国家。许多现代的特殊经济区采取了出口加工区（EPZ）的形式。国际劳工组织将出口加工区定义为“为吸引外国投资者而设立的享受特殊激励机制的工业区，在该区域内，对进口材料进行某种程度的加工后再出口”[①]。为了创造良好的营商环境，这些区域与国内的其他地区区别开来。因此，出口加工区是一种旨在便于出口而设计的特殊管理制度。出口加工区受激励机制支持来吸引外商直接投资，在该区域施行的条例通常比该国其他地区更为自由和宽松。

爱尔兰的香农通常被认为是世界上第一个出口工业区，直到20世纪70年代，大量出口工业区的发展都集中在发达国家。然而，到20世纪80年代，随着企业加速提高在全球的外包率、供应配置以及分配网络的构建，生产全球化成为一种主要的经济推动力量。发展中国家通过设立出口工业区加入全球生产网络，因此，当前世界上已有超过3500个出口工业区，大部分位于亚洲和拉丁美洲。并非所有的发展中国家都使用“出口工业区”来描述这些特殊经济区。中国选择称它们为“经济特区”，而墨西哥和洪都拉斯称其特殊经济区为

① http://www.ilo.org。

"美墨联营工厂"（Maquiladora）。

无论将其称为什么，出口加工区都成为一种推动区域发展的政策工具。事实上，一些国家在边远地区设立出口加工区用来强力推进贫困地区的经济发展，如印度的坎德拉、菲律宾的巴丹半岛，以及哥斯达黎加的主要自由贸易区（World Bank，2008）。对于其他地区而言，出口加工区是一种参与出口导向型工业化的方式。我们从第五章了解到，直到 20 世纪 80 年代，进口替代政策在许多发展中国家还十分盛行。直到 20 世纪 90 年代，出口促进政策才获得一定影响力。然而，大多数发展中国家仍未准备好向世界竞争敞开大门。相反，它们开始通过这些特殊经济区开展更为自由的贸易实验。在中国，出口加工区（经济特区）意味着在市场自由化中进行的小规模实验，并随着时间的推移逐渐沿着海岸线铺开。向出口鼓励政策的转变也改变了建立出口加工区的目标。出口加工区越来越多地成为减轻进口歧视、创造就业机会、将技术从国外企业转移到国内企业的地区。

设立在出口加工区内的外国工厂倾向于集中在特定的经济产业领域。最普遍的是那些生产鞋类、服装和小型电子或半导体零部件的工厂。表 6.1 介绍了 1990 年和 2014 年的十大服装和电子产品出口国及出口额。1990 年，东亚和东南亚国家，如韩国、泰国、印度尼西亚、新加坡、马来西亚，在服装出口方面占主导地位，日本、韩国、新加坡、马来西亚和泰国在电子产品出口方面亦然。然而，在 2014 年中国成为服装和电子产品的主要出口国，这两项出口额分别达到了 1734 亿美元和 5709 亿美元，在服装出口方面，比排在其后的 9 个国家的出口额相加还要多。正因为如此，亚洲国家对中国的贸易转移感到担忧。此外，中国在这两个产业的出口大多数是由位于经济特区的工厂所驱动的。

表6.1　1990年和2014年十大服装和电子产品出口国及出口额

单位：百万美元

（a）服装

国家	1990 年	国家	2014 年
德国	6570	中国	173437
韩国	5803	意大利	22508
葡萄牙	3463	德国	19511
泰国	2664	印度	16538
土耳其	2631	土耳其	16270
印度	2211	西班牙	12049
印度尼西亚	1628	法国	10580
新加坡	1564	英国	8445
希腊	1490	比利时	8373
马来西亚	978	美国	5258

（b）电子产品

国家	1990 年	国家	2014 年
日本	63804	中国	570940
德国	36525	美国	171966
韩国	14772	德国	147934
新加坡	12881	日本	104198
马来西亚	8521	墨西哥	80024

续表

国家	1990 年	国家	2014 年
加拿大	5970	法国	44036
瑞士	5431	英国	32131
西班牙	2717	泰国	30735
泰国	2681	意大利	29920
芬兰	2093	捷克共和国	29029

资料来源：联合国商品贸易统计数据库。

出口加工区并不总是对本国有利。东道国政府的补贴、基础设施建设和行政服务的提供花费巨大，但由于进口商品很少或者不征收关税，税收收入微乎其微。劳工评论家尤其指出：工人工资低，就业和生活条件差。一些出口加工区在生产区域内设立围墙，工人们在其中工作和生活。

在许多出口加工区，大多数的工厂工人是年轻女性。一些学者认为，出口加工区的工作因性别而分类，是因为雇主们认为服装生产和电子零部件的装配更适宜由女性来操作。同时，妇女是相对便宜的劳动资源，因为她们不太可能成为工会的会员，能用于组织的资源通常也较少；而且她们是公司相对灵活的劳动力，随着经济条件的变化，她们更容易被雇用或解雇。出口加工区加剧了在外国公司的全球供应链中工作的女性的困境。设立在出口加工区内的企业的招聘实践引发了多方关注。出口加工区也因其他原因遭受批判。凭借其地理界限，出口加工区通常作为保护区或者飞地来运作，从空间上与该国的其他地区分隔开来，因为在该区域内的跨国公司常常与当地公司联系较少。在出口加工区聚集跨国公司的一大益处是，与本地公司之间后向关联的潜在可能性提高。举例而言，当外国公司从东道国本地的公司获取投入或原材料，这就帮助本地公司和国外公司建立了后向关联，这有利于促进技术升级。不幸的是，出口加工区的激励政策鼓励免税进口，那么跨国公司就没有与本地公司建立后向关联的动力。因此，本地公司可能无法从外国公司和他们的供应网的存在中获得多少利益。

尽管如此，出口加工区的数量已经激增至3000多个，并广泛地分布于众多国家。这种增长促使一些评论员对出口加工区在全球经济中所扮演的角色做出了更为乐观的评价。有人认为，出口加工区在推动发展中国家的出口方面起了重要作用。虽然没有取得最新数据，但成本效益分析表明：在部分国家，出口加工区对于就业、外商直接投资和外汇收入等方面做出了巨大贡献。英国《卫报》在2012年的一条头版头条新闻中，发布了一篇题为《出口加工区是新的血汗工厂还是发展的驱动器？》的文章，精辟地总结了出口加工区的优势和劣势。通过参观位于孟加拉国吉大港的一家韩国鞋厂，作者约翰·比达尔（John Vidal）讲述了一个熟悉的故事：工厂工人大多数是女性，她们每年生产上百万双鞋，每天只能挣大约1.5美元。他还指出，通过该国的出口加工区生产的价值16亿美元的出口量，该国获得了大量的外汇收入。随着越来越多的发展中国家将出口促进政策作为一项产业战略，无论出口加工区处于何种地位，它都将继续存在。

6.2 对劳工的影响

1999 年在西雅图召开的世界贸易组织部长级会议上，与会代表展开新一轮国际贸易谈判。但是谈判崩溃并很快被蜂拥而来的反全球化抗议者蒙上一层阴影。这一事件被称为“西雅图之战”，该事件将原本松散的抗议者团体聚集到一起，联合起来反对跨国公司的活动、反对“低价竞争”，即以营利为目的竞相降低劳动保护、环境法规和消费者权益保护立法等。针对全球资本主义过度行为的抗议仍在继续，最近的表现发生在“占领华尔街”运动中，该运动旨在抗议日益加剧的工资不平等和 2008 年经济危机后的紧缩政策。皮尤研究中心（Pew Research Center）2014 年主导的一场全球民意调查显示，仅有 1/5 的美国人相信贸易能够创造就业。美国受调查民众中，足有一半人相信贸易大大减少了工作机会，而 67% 的人认为外国公司收购本地公司不是一件好事。

在世界其他地区，人们对新的贸易协定反应各异。在美国与欧盟之间建立“跨大西洋贸易与投资伙伴关系”（TTIP）的提案迟迟没有通过，300 多万名欧盟市民签署了一项阻止该协定实施的倡议。测定贸易协定带来的影响十分困难。第四章讨论的美国、加拿大和墨西哥之间的北美自由贸易协定

（NAFTA）遭到了许多美国劳工组织的批判，这些组织认为该协定应对大量的低技能制造业方面的就业机会向美国国境以南转移负责。墨西哥本来指望在北美自由贸易协定批准之前抓住这些就业机会，但就业机会的增加并没有像预期的那样实现。在本章，我们通过探讨世界不同地区的贸易和劳动力市场之间的联系，来考量这种对贸易的反应是否正当合理，并将重点延展至前文所概述的出口加工区上。

6.2.1 贸易及劳工标准

显然，世界各地劳动力市场特点各异。国与国之间的劳动力、工资、雇佣条件的技能构成差异很大。

这些差异反映了发展水平、国民收入、社会和政治斗争的历史以及工会和其他机构为规范劳动环境所付出的努力（Peck，1996）。在劳动力市场条件中的这种异质性，恰恰导致许多跨国公司将其业务分割，将其价值链的不同组成部分分散至不同的地区，在那里他们可以以最低的成本获得最合适的技能。想象一下，如果劳动力的总成本不仅反映工资水平，还反映包括健康和安全标准、组织权利在内的就业条件，那么，需要考虑的一个重要问题是：全球化与贸易是否已经显著影响了发达经济体和欠发达经济体的劳工标准？在某种程度上，这个问题的答案取决于在不同国家进行的工作的性质以及这些国家的工人与其他国家工人的竞争程度。

工业化经济体主要担心日益增长的贸易量可能侵蚀工人和

工会奋斗多年争取到的劳工标准和就业条件。这种担忧受到来自劳动标准较低的新兴经济体竞争日益加剧的驱动。尽管人们普遍认为这种竞争仅仅在技能和工资方面对底层劳动力市场造成影响，但是罗宾和北洛（Rigby and Breau，2008）认为，长远来看，较高的教育和技能水平未必能将工业化国家的工人从全球竞争中隔离开来。基于以下两方面原因，新兴经济体自身也不能免除以上担忧。第一，南南贸易竞争，或者说发展中经济体之间的竞争日益紧张。第二，发展中国家发现较低的劳动力成本是竞争优势的主要源泉。但它们同时也明白，要跨越中等收入陷阱，需要提升技能水平并从增值链中进一步角逐工作机会。这就需要更高的工资水平和更好的工作条件，以吸引工人增加对自己教育和人力资本的投入。

尽管有许多关于跨国公司附属企业，特别是跨国公司国外合作伙伴设立在发展中经济体的工厂内发生的虐待劳工的骇人听闻的传闻，但就劳工标准和贸易之间的关系而言，开展更深入的研究发现了什么呢？发展中经济体的情况喜忧参半。在最近一篇关于美国国际贸易委员会的评述性论文中，塞伦和罗森塔尔（Salem and Rozenthal，2012）描绘了一幅相对乐观的图景，即通过工人从非正式的部门工作向通常具有更好劳动保护的出口导向型部门的工作流动，贸易能够大大改善劳工市场的条件。莫斯利和乌诺（Mosely and Uno，2007）则提出了一个更微妙的观点，他们认为，全球化和贸易对劳工权益的影响在很大程度上取决于其所在国家参与全球经济的方式。他们通过建立中低收入发展中经济体的综合数据集发现，能够吸引大量对外直接投资资金流的经济体常常经历了劳工标准的提高；而在那些通过以一种或多种分包合作关系加入世界经济的国家中，工人特别是女性工人权益遭到侵蚀。艾略特和弗里曼（Elliott and Freeman，2003）提供了一个更平衡的整体评估。

贸易对发达国家劳工标准的影响如何？这个问题很难回答，因为许多发达国家的劳工市场在过去几十年发生了很大改变，这些改变是由许多因素造成的。最值得注意的是，在20世纪后半叶被称为去工业化的进程中，许多发达国家的工作性质如何从制造业转向了服务业。以美国为例，1950年，制造业在全部私营经济就业中所占的比例约为25%，与全部服务业所占的比例大体相同。到2000年，制造业在美国所有就业中所占的比例已经下降到13%，而服务业所占的比例提升到了60%。相同的趋势在许多发达的工业化国家中也十分明显（见图6.1）。伴随着制造业就业岗位的相对减少，我们发现工会化率也在降低，兼职工作机会的增速比全职工作机会更快，许多行业的工资水平停滞不前。毫无疑问，贸易和全球化影响了其中的某些变革（Kletzer，2002）。与此同时，科技的提升以及（合法或不合法的）移民的增加（至少在美国）同样促发了工作性质的变化。这些因素对劳工市场造成的影响难以区分。我们将在下一节再讨论这个问题。

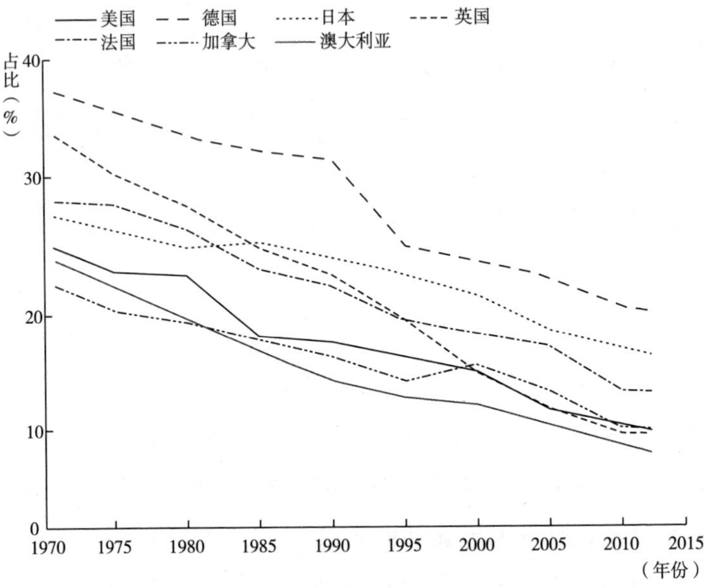

图6.1　发达国家的去工业化情况

注：图中占比为制造业就业人数在该国所有就业人数中的占比。

资料来源：圣路易斯联邦储备银行发布的快速随机询问显示的经济数据。

大多数国际社会就基本劳工保护的需求达成了一致意见。国际劳工组织（ILO）发布了一组核心劳工标准（见专栏6.1），国际劳工组织的大多数成员，到目前为止已经超过了175个国家，采用了这组标准。在国际劳工组织列出的8项核心公约中，中国和美国仅采用了其中的两项（客观地说，美国国内政策提供了国际劳工组织剩余标准中概述的大部分劳工保护措施）。这些标准如何能够得到贯彻落实还很不清晰，特别是在讨论到将劳动规范并入贸易协定中时。对于发展中国家而言，这一要求对其基本的建立在廉价劳动力基础上的比较优势造成威胁。它们争辩到，劳动规范越多，越会抬高薪资水平，进而阻止外商直接投资的进入。发达的工业化国家在寻求这些劳工保护措施时的动机也存在疑问。还有人怀疑发达国家对此类劳工标准的迫切需求是出于追求道德制高点的目的，还是因为它们将这些标准视为贸易保护主义政策的一种表现形式，即能够让它们阻止世界其他不发达地区对其出口（Burtless，2001）。

专栏 6.1　国际劳工组织

国际劳工组织（ILO）于1919年作为第一次世界大战后签署的《凡尔赛条约》的一部分而成立。其目标在于确保工作场所的社会公正。1946 年，国际劳工组织成为联合国的一个专门机构。1998 年，国际劳工组织发布了《工作中的基本权利宣言》，追求以下标准：

（1）废除童工；

（2）消除强迫劳动；

（3）结社自由和集体谈判的权利；

（4）消除就业和职业方面的歧视。

资料来源：http：//www.ilo.org。

6.2.2 贸易、就业和工资

理查德·弗里曼（Richard Freeman）1995年发表的一篇文章，使用了一个十分具有煽动性的标题：你的工资是在北京确定的吗？他的问题是，随着与中国和印度等发展中经济体的低收入劳动者的竞争加剧，国际贸易和新兴的全球经济如何影响美国、欧洲和世界其他发达地区的低技能劳动者的薪资。把重点放到这一问题上，有以下两方面原因。第一，20世纪70年代末期，许多工业化国家的工资不平等状态急速加剧，大约在同一时期，来自低工资水平国家的进口开始扩张。图6.2清楚地说明了这一关联点，它反映了美国工资不平等状态的加剧和进口竞争的加剧。第二，相对工资的变动和贸易之间在理论上存在明确关联，这是我们第二章讨论的H-O模式的核心。重申一下，当国家之间的生产要素存在差别时，国与国之间才会发生贸易。如果贸易国家将生产集中在那些能够充分利用其丰富生产要素的活动中，贸易收益就会随之而来。然而，这些收益将在拥有丰富生产要素的各个贸易国中进行分配。

如果我们采用H-O模型对发展中国家和发达国家之间的贸易状况进行分析，可以很合理地假定：发达国家高技能劳动力资源相对丰富，而发展中国家则是低技能劳动力资源相对丰富。因此，发达国家应集中生产高技能劳动力密集型产品，而其贸易伙伴——发展中国家应专门生产低技能劳动力密集型产品。在发达国家中，这种专门生产分工带来的影响是，

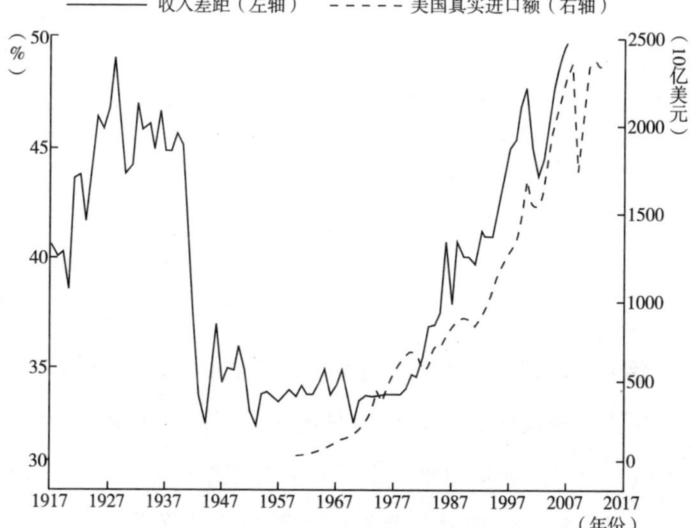

图6.2　收入不平等与贸易竞争加剧的时序

注：美国真实进口额转换为2014年的可比价。

资料来源：阿特金森等，2007。

随着低技能低收入劳动者的生产活动越来越多地被进口所取代，对该类劳动者的需求也会随之减少。预计结果是发达国家的工资不平等加剧，而发展中国家的工资不平等减弱。但是，实验数据反映的情况又是怎样的呢？

早期有一系列论文（Borjas et al.，1992；Lawrence and Slaughter，1993）聚焦于解释20世纪80年代美国工资不平等加剧的问题。三个关键的解释因素是：低技能劳动者移民迁入、不断增加的贸易和偏重技能的科技变革。针对第三种解释因素的观点的重点是在20世纪80年代将新技术引入经济和计算机领域的情况，即只有具备相对较高人力资本（教育和技能）的劳动者才能够从这些技术中获利的理念。这一时期大多数研究者认为，偏重技能的科技变革在收入不平等加剧过程中起的作用最大。

当前人们普遍认为，早期研究未能阐明贸易的全部影响。原因（至少部分原因）在于，早期研究者仅仅凭想象构建了一个“赫克歇尔－俄林”（H-O）世界，在该世界中，贸易是由不同工业部门生产的制成品流通所主导，而这些部门是以低技能和高技能劳动力的相对占比为特征。早期模型假定，进口竞争可能压低以低技能劳动者为主的工业部门生产产品的相对价格。经观察，并没有预期的商品价格变化。因此，贸易并未作为引发工资不平等现象的一个可行解释。早期研究的核心问题是，侧重于从产业部门之间的经济活动而非产业部门内部的经济活动转变来研究贸易的影响。20 世纪 90 年代末期，芬斯特拉和汉森（Feenstra and Hanson，2001）提供了一个发达国家的国际外包模式：在这些国家，工业生产分为两种类型，一种是由低技能劳动者完成，另一种是由高技能劳动者完成。由于低技能劳动者在全球的价格相对于其（发达国家）国内价格低，因此，低技能生产活动在发达国家全部工业部门中的占比被假定为，随着低技能工作的外包而下降。因此对贸易影响的研究转移至侧重于中级产品，转移至低技能工作和高技能工作的占比的变化，以及产业部门内部而非不同产业部门之间的工资差异。

支持这种国际外包模式的证据充分。格罗斯曼和罗西－汉斯贝格（Grossman and Rossi-Hansberg，2006）指出，1972~2000年，美国制造业投入中进口产品的占比至少翻了一番。伯纳德等（2006）强调，自20世纪90年代初期开始，发达国家从低工资国家的进口显著增加。国际外包的增长与国内公司的倒闭有关，并伴随着大量的失业和工资下降，特别是对低技能工人而言（Kemeny et al.，2015；Klein et al.，2010；Rigby and Breau，2008）。

发展中国家内部也有越来越多的证据表明，日益增加的贸易与日益增长的不平等相关联。格登伯格和派维尼克（Goldberg and Pancnik，2007）对此进行了概述。不平等的增长有时候与出口导向型企业内部的技术升级有关（Verhoogen，2008）。在其他情况下，全球竞争和贸易因为在发展中国家的不同经济部门中，尤其是农业部门，消除了小规模生产者而遭到谴责。发展中国家之间的竞争，即南南竞争，也使许多相对贫困国家的发展道路复杂化。

6.3 道德贸易

6.3.1 互惠贸易

随着全球生产网络的扩张，能够体现这些网络的价值链也变得越来越分散。回顾一下，价值链是由生产、供应、销售和分配环节组成的，这些环节使商品在全球市场被生产出来并交付给消费者。这些环节之间的流动、交易和贸易形成了经济和社会关系。一个很好的例子是咖啡的全球价值链，以星巴克全球21300个门店中某一家的一杯卡布奇诺为终端。卡布奇诺的经济和社会生活起源于星巴克的全球货源地之一——种植咖啡豆的农民，此类货源地遍布全球：从拉丁美洲的哥斯达黎加和哥伦比亚，到非洲的卢旺达和坦桑尼亚，再到中国的云南。这些咖啡豆都是进口的，之后送往星巴克分别位于内华达、宾夕法尼亚州、南卡罗来纳州、华盛顿及荷兰的五家烤制工厂进行烤制，最后送到星巴克的咖啡馆或者门店进行售卖。星巴克承诺，将通过共享可持续咖啡豆种植的信息，并承诺以公允价格合法对待为其生产咖啡豆的农民。星巴克的道德交易行为在其网站有所描述①。

星巴克承诺以更合乎道德的方式经营咖啡业务，这与在许多国家经营的公司日益增长的趋势一致。非政府组织和劳工维权人士敦促想要建立一种能够保障发展中国家的农民供应商获得体面薪资标准的贸易体系，公司也迫切地表现出自己的社会责任感。"互惠贸易"这个词就是为这种现象而打造的。互惠贸易最初被推广为可选择性贸易，久而久之，它逐渐成为一种脱贫方式。戴卡洛（Decarlo，2011）提到，"互惠交易是一种建立在对话、透明和尊重基础上的贸易合作关系，旨在国际贸易中寻求更大的平衡"。互惠贸易实践者的目标

① http://www.starbucks.com/coffee/ethical-sourcing。

是，通过鼓励跨国公司与农民建立长期的合作关系，帮助贫困国家的农民建立可持续生计。正如星巴克承诺的那样，当公司对产品不满意时，并不是马上更换农民生产者，而是与农民一起共同生产合格的产品。戴卡洛指出，并非所有经营具有社会责任感业务的公司都开展互惠贸易。例如，市场上出现的一些产品，不仅对环境友好，也促进了经济绿色化。然而，生产这些产品的公司如果不是以扶贫为中心目标和任务，那它们就不能被认为是从事互惠贸易。就这个意义而言，互惠贸易将社会和经济目标整合到了一起。

这场运动的势头正劲，对加强互惠贸易的提倡也成为对英国等国家更公平贸易的呼吁。显而易见，这场运动是对已察觉的不平等现象的一种回应，这种不平等是因自由贸易体系而产生的，且能够追溯到第五章所描述的全球中心－边缘的结构。互惠贸易者认为，应该通过支付合理的薪资、保障安全的工作环境以及为工人和农民提供技术升级的培训等方式，更具有道德性地对待出口加工区的工厂工人和非洲、亚洲和拉丁美洲贫困的农民。

互惠贸易运动的一个结果是，出现了经过互惠贸易认证的产品。依照美国互惠贸易组织的数据，2012 年有超过 1.38 亿磅咖啡进入北美市场，都经过了互惠贸易认证。像 Cafedirect、Coolearth 咖啡和 Eros 咖啡这些品牌都在英国互惠贸易组织中出现，并使用了互惠贸易的徽标。并不是只有咖啡在出售时使用互惠贸易的标识，例如，美国互惠贸易组织还对坚果、可可粉、干果、糖、大米以及其他农产品进行认证，这些产品现在可能与其他传统产品一样，在沃尔玛、全食超市、塔吉特公司等美国主要零售商的货架上出现。在欧洲，吉百利巧克力和雀巢等公司的一些产品也通过了互惠贸易的认证。

6.3.2 生物安全

在第四章中，我们强调了欧盟和美国之间在进口非治疗性激素牛肉的安全性问题上发生的贸易冲突。对全球食物供应链安全性的关注已经成为一个政治性问题。2003 年，在发现美国牲畜患有疯牛病之后，一些国家发布禁令，禁止从北美进口牛肉。韩国政府 2008 年发布该禁令，激怒了成千上万的韩国消费者，他们走上街头抗议政府这项决定。2015 年，中国进口的浆果类产品与澳大利亚一例甲型肝炎相关，这促使进口浆果的公司，即帕提斯食品公司（Patties Food）召回了这些浆果。同时，在 2015 年初，由于担心挪威进口三文鱼携带的鱼类病毒对人体健康有潜在危害，中国政府对其进口进行了限制。在大多数情况下，对食品安全的关注往往出现在贸易协定签订之后。例如，美国和韩国于 2007 年结束了“韩美自由贸易协定”的谈判，反对进口美国牛肉受到了韩国农民反对该协议的影响。同样，澳大利亚与中国签订了一项贸易协议，该协议将促进农业出口，并允许某些中国服务承包商进入澳大利亚。该协议因可能取代澳大利亚劳动者而引发关注。毫无意外，由于贸易协定加剧了某些经济领域的竞争，这就成为越来越有影响力的政治问题。反对各种农产品进口也导致两种相辅相成的趋势：第一种是断言地方规模才是重新配置全球食物供应网络的最优地理规模；第二种是生物安全加强了政府和公民对国际贸易的关注，即一个国家的环境及其公民的健康应免受经国际贸易扩散的疾病、污染和食品污染的侵害。

要理解这两点，我们需要回到互惠贸易运动上来。中心 – 边缘贸易导致了空间和结构上的不平等，互惠贸易运动则代表了对这一不平等现象做出的道德回应。伦理学家认为，发展中国家的出口也许可以脱贫，但因出口所造成的贸易不平等亦会带来伤害，富裕和发达国家有义务从道德上对这些伤害进行修复（Navin，2014）。但是，这一问题更为复杂。以生物安全为例，已遭受污染的农产品和食品的跨境流通带来了一定的潜在风险，而传染病的暴发让市民和政府意识到了这种潜在风险。特别是食品安全方面，生物有机体（如真菌或细菌）的潜在感染得到监控。一个较好的例子是，出于对新西兰火疫病的担忧，澳大利亚政府采取了长期反对进口新西兰苹果的立场。火疫病是一种细菌性疾病，能够感染苹果和梨。世界贸易组织成员，如澳大利亚，允许在《卫生与植物检疫协定》框架内采取自己的措施来评估食品安全风险。虽然现在澳大利亚允许进口少量的新西兰苹果，但它们必须遵守澳大利亚实施的一项严格协议，以确保这些苹果未感染火疫病（Higgins and Dibden，2011）。欧盟也针对食品和农产品进口制定了严格的标准和规范。食品标签必须包括转基因生物（GMOs）、过敏原（如谷蛋白、花生）、食物着色剂、阿斯巴甜和添加剂等相关信息。甚至跨国公司也加入了生物安全的行列，例如，麦当劳决定售卖不含人类抗生素的麦乐鸡和鸡肉堡。

对食品安全的担忧也引发了另一场运动，被称为“土食主义”，即购买北美和欧洲本地生长的食物。自迈克尔·波伦（Michael Pollan，2006）出版其著作《杂食动物的困境》并成为畅销书以来，都市农业和地方种植已经与食品安全的改善密切相关。土食主义虽然能够保护消费者和农业部门免受外国害虫、生物体和环境污染的侵害，但是它依然是一把“双刃剑”。因为农业是发展中国家一个重要的生产部门，购买本地食品就阻止了美国和欧洲消费者购买遥远产地的食品，这可能实际上充当了非关税壁垒。发展中国家不一定总能达到北美和欧洲国家实施的食品和农产品标准。例如，在从贝宁（Benin）进口的虾类样品中发现了细菌后，欧盟2003年禁止从贝宁进口虾。鉴于虾产业是贝宁就业和外汇收入的主要来源，这一禁令对该国渔民、鱼商及整个国家的收入造成了一定损失。尽管该禁令现已解除，但这一产业仍未恢复元气（Houssa and Verpoorten，2015）。

总体而言，道德贸易是为解决不平等而生。至于互惠交易，则是通过对发展中国家的贫困农民提供更好的价格以解决不平等。在生物安全和土食主义方面，解决方案通常是通过加强监控和缩小食品及农产品的生产和交易规模建立不可持续的贸易体系。然而，尽管解决方案是出于善意，但是有时仍会造成意外后果。较高的咖啡价格并不能总是顺着价值链流向农民，因为卖家享有制定和确定价格的权利。同样，对食品贸易体系的监管可能成为保护主义的伪装，给贫困国家带来不利后果。

6.4 环境与可持续性

全球经济的增长对环境提出的要求越来越高。如果贸易可以与世界各地经济增长和收入水平的变化相联系，那么它就牵涉围绕发展、资源利用和环境质量的辩论。对有些人而言，这些辩论聚焦于可持续发展，即如何用能够满足现实需求的方式组织社会经济生活的同时，也可保障后代有满足其需求的能力，进而保持所有生命赖以生存的自然系统的完整性。对其他人而言，发展和环境保护的目标是对立的，我们需要二者择其一。让问题更复杂的是，这些辩论中起中心作用的物理和社会系统，是在不同的空间（地方的、国家的以及全球的）中运转，这使得政治监管异常困难。鉴于这种复杂性，试图用贸易政策来解决环境问题的尝试遭到敌视也就不足为奇了。

对某些环保人士而言，发展和贸易对环境只会造成消极影响，他们呼吁给经济“踩刹车”，限制消费和生产需求。也有人认为，通过在全世界传播绿色科技、提高收入进而激发管理全球环境的政治决心，利用市场鼓励竞争和更有效地利用能源，贸易可以对环境产生积极影响。贯穿这些争论的是，对发展和环境的担忧，带有重要的空间政治烙印。环境保护的动力大多起源于富裕的发达国家，它们表达了对发展中国家的忧虑，发展中国家通过污染环境（缺乏环境监管）获得为全球经济生产产品的比较优势，而未考虑给环境带来的影响。这些发达国家越来越多地坚持以贸易政策为动力推进绿色议程。然而，正如在劳工标准的竞争中一样，发展中国家表示强烈抗议。它们将这些贸易政策视为环境殖民主义的一种形式，它们质疑发达国家为其发展前景立法的权力，特别是，当工业发达国家应该对地球大气层内绝大多数二氧化碳负责时。

从某种意义上而言，协助发展中国家提高收入可能对环境有一定的积极影响。发展中国家苦苦挣扎于贫困线的边缘，很大程度上导致了森林被采伐和土地荒漠化。贫穷和未受过良好教育的人更倾向于有更高的生育率，日益增长的人口对脆弱的生态系统造成的压力日益增大。更高收入水平的人倾向于更加积极地对待环境，他们需要更清洁的空气和水，也愿意为此买单，通过税收的形式来支持政府减少污染和保护自然资源。环境恶化与收入的关系可以通过环境库兹涅茨曲线（EKC）来表示（见图 6.3）。环境库兹涅茨曲线假定，在工业化初级阶段，污染和其他形式的环境恶化可能伴随着人均收入的增长而增长；随着经济的持续增长，资源从高污染产业向低污染产业转移；收入的增加对环境质量的消极影响越来越小，最终达到一个临界点，收入的进一步增加将开始减缓环境恶化进程。

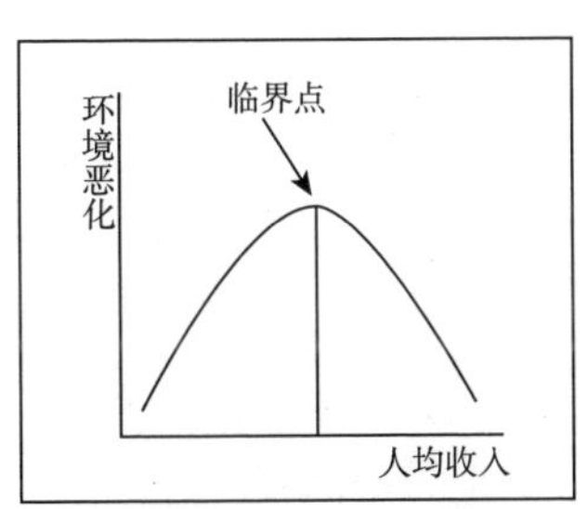

图6.3　环境库兹涅茨曲线

环境库兹涅茨曲线理论有合理证据予以支持，至少在减少工业污染物如二氧化硫方面（Dinda，2004）。不过，同样的关系是否也适用于一般的自然资源利用尚不明确。富裕国家通过将重污染工业和工业废品转移至发展中国家，可能转移至上文讨论的出口加工区，从而“出口”污染和其他“环境公害”的能力，已经导致了生态阴影概念的产生。Dauvergne（2008）用这一术语来解释富裕的发达国家通过依赖世界其他地区的生产（以及环境破坏），能够在不破坏本地环境的前提下维持高消费水平。例如，美国从中国进口大量制成品，这些产品的生产过程会产生大量的污染，有些污染留在中国，可以说，通过进口中国产品，美国消费者减少了暴露于环境污染物中的风险。

专栏 6.2 排污权交易

大气层中的温室气体造成的气候变化给人类带来了巨大的不确定性。1992 年，里约热内卢召开的由全球各国政府首脑参加的会议上商谈了被称为《联合国气候变化框架公约》（UNFCCC）的国际环境条约，该条约的目的在于稳定温室气体（GHG）的排放量。到 2015 年，197 个国家批准通过了《联合国气候变化框架公约》。该公约的框架计划并没有对排放设定限制，但是它制定了一系列的机制，确定排放限制通过国际条约的形式予以制定。1997 年，在日本达成的《京都议定书》就是其中一个条约，该条约于 2005 年生效，要求签约国家采取措施减少温室气体的排放量。到目前为止，《京都议定书》取得了多项成绩。签约国家希望能够达成其远期的温室气体排放目标，碳排放与交易制度是其中一种方式。

排污权交易，有时候也被称为“总量管制与排放交易”，是一种以市场为基础的制度，通过提供激励措施减少成员温室气体排放以达到减少污染的目的。排放交易体系或排放交易市场参与者通常是国家（也可能是城市或者州，如加利福尼亚）和公司。在一个排放交易市场内确定指定时期内温室气体的排放总量，这通常被称为“总量管制”。市场的每一个成员都有自己的排放限额，即在排放上限中的份额（在更严格的体系中，这些限额是通过拍卖取得的）。成员可以与其他成员对排放限额进行交易，依据其可能超过或者达不到特定的目标的情况购买或者出售排放许可。排放市场的目的是，减少排放或者鼓励成员减少污染并通过出卖未使用的限额获利。在一些市场上，为鼓励节约，每年都有减少温室气体排放的强制要求。在另一些市场上，参与者可以通过资助其自身所在市场范围外的其他减排项目（抵销）以换取额外的温室气体排放额度。

到目前为止，“总量管制”与“排放交易”制度取得了一定的成功，尽管也不乏批评。国际碳行动伙伴关系是排放交易制度的一个例子。“碳交易观察”则对碳排放交易项目持强烈批评态度。

6.5 环境政策与贸易协定

自由贸易是否对环境有害仍不明确。然而，环境人士坚持认为，规范国际贸易的组织，之前是关贸总协定，现在是世贸组织，都只是鼓励贸易而不顾贸易对自然世界的影响。第四章对关贸总协定和世贸组织进行了简要介绍。这些组织是由一系列创始章程管理的。关贸总协定第二十条概述了一系列世贸组织成员可以不受关贸总协定关于世界贸易规则约束的情形。如“绿色条款”规定，当国内立法与关贸总协定总则不一致时，世贸组织成员可以使用国内环境立法的规定：

——为保护人类、动物和植物的生命与健康所必需的措施；

——或者与保护可耗尽的自然资源相关时……只要这些政策并非“专制或不合理歧视的方式”或者“对国际贸易的变相限制”。

对关贸总协定第二十条的理解有很多争论，特别是围绕两个与美国有关的著名案例。争论的中心是，如果产品的生产违反了进口国的国内法律时，该国能否对这些产品的进口进行限制。这两个重要案例是：金枪鱼 – 海豚案和虾 – 海龟案。

1972 年，美国政府通过了《海洋哺乳动物保护法案》（MMPA），以保护东热带太平洋上被金枪鱼捕鱼船网捕杀的海豚。尽管该法案要求美国在全球的金枪鱼捕鱼船采取有利于海豚安全的捕鱼方法，也要求非美国的渔船在美国水域内（距离美国海岸 200 英里）采取相同的方法，但是在美国水域以外，外国船只的捕鱼行为则不受限制。《海洋哺乳动物保护法案》的其中一个后果是，导致美国渔船改变注册国，即在美国以外的地方进行注册。受到海豚死亡数较高的警示，1991 年美国禁止从墨西哥及其他一些国家进口金枪鱼。墨西哥向关贸总协定提出抗议，争议解决小组裁决认为《海洋哺乳动物保护法案》的规定不符合关贸总协定第二十条的要求，故认定美国金枪鱼进口禁令违反了关贸总协定，环保游说团体抗议无效。关贸总协定规定，一个国家不能利用国际贸易限制将其国内的环境政策强加于其他国家的生产方式上。最终，美国消费者的强烈抗议赢得了胜利，墨西哥和美国的金枪鱼渔场都采用了有利于海豚安全的捕鱼方法。

20世纪90年代，一个相似案例给世界贸易组织的裁决带来了微妙的不同。由于担心海龟被捕虾渔民的渔网所捕获，美国利用《濒危物种法案》要求在捕虾渔网中安装龟挡装置。依照关贸总协定第二十条的规定，美国禁止从印度、马来西亚、巴基斯坦和泰国进口虾，因为这些国家没有安装龟挡装置。这些亚洲国家向世贸组织提出抗议。最初，世贸组织依然认为环境保护措施不能用来破坏国际贸易体系中的基本原则，故美国败诉。然而，美国提出上诉，世贸组织的表述发生变化，认为可持续的经济发展与国际贸易法规一致。最后，世贸组织裁决亚洲国家用于安装龟挡装置的时间不充裕，进口禁令是属差别对待，美国依然败诉。再一次，美国政府与虾类出口国就保护海龟达成一致意见。尽管世贸组织的立场有了软化，但是该裁决仍旧加剧了其与环保人士之间的紧张关系。

专栏 6.3　贸易与北极

近年来，随着海冰的相对快速消退，北极作为连接北欧和东北亚的一条替代性海洋贸易路线以及重要的自然资源所在地广受热议。Farre 等（2014）的研究表明，在苏伊士运河建设之前，鹿特丹至上海之间的标准行程约 14000 海里。该行程因途经苏伊士运河稍稍缩短至 11000 多海里。但是途经北极的北部通道能将该行程缩短至约 8000 海里。北部贸易路线的吸引力，仅在节省燃料方面就十分明显。回想一下第二章结束时所描述的贸易发展的引力模型，两个贸易国之间距离的极大缩减将刺激贸易量的大量增加。

北极海冰的消融，对某些人而言，是好事；对另一些人而言，则是诅咒，是正在进行中的气候变化的“领头羊”，是对一个未开化环境的即将到来的环境灾难。北部国家（加拿大、丹麦经格陵兰岛、挪威、俄罗斯和美国）争夺对于北极地区领土的控制权，标志着其有意开采该区域的石油、天然气和矿产资源。

6.6 小结

第二章我们研究了一系列展示从贸易中显露出来的经济效益或收益的模型。该章阐述的其中一种模型，即 H-O 模型，明确阐释了贸易收益可能并不能由经济行为参与者共享，而且贸易可能对某些群组造成不利影响。本章探究了与劳工和环境有关的贸易成本和收益的问题。

一体化程度在贸易支撑下日益提升，大大改变了世界大多数地区的经济活动。过去，各个经济体相对自给自足并在交易中保持距离；如今，大量的生产活动作为主导全球经济的跨国公司供应链的一部分而进行。一体化带来了经济增长、脱离贫困（第五章）并提高生活水平。然而，对于另一些人而言，一体化则意味着公司倒闭、失业、工作环境的恶化以及工资的下降。寻求一个共同的标准并不容易。对许多人而言，日益增长的贸易引发的联系意味着更多的机会、更大的竞争和更不确定的未来。

未来不确定性的一个主要来源是气候变化。气候变化与贸易之间的准确联系难以确定。然而，如果经济增长取决于全球一体化，那么贸易显然与急速增加的温室气体排放及其他形式的环境退化相关。因此，短期内贸易使消费者从更多的产品种类和更低的商品价格中获利，但是长此以往，经济增长、工资水平和消费水平越来越高，所需要的环境成本也将越来越高。全球大部分地区的收入不平等情况加剧，不同群体和国家消化这些成本的能力将越发不平衡。

本章要点如下。

（1）不需要太多技能或科技投入的生产制造，如在服装或鞋类生产部门中，往往集中在发展中国家被称为特殊经济区或者出口加工区的专门区域。

（2）东道国为跨国公司通过出口加工区生产和出口产品提供慷慨的激励措施。妇女从事这些区域的大部分工作。出口加工区成为与该经济体其他地区联系极少的、具有空间独立性的飞地。

（3）经济一体化依赖的全球经济与贸易的崛起，深刻改变了全世界的劳工市场。越来越多的就业机会与跨国公司的供应链相关联。这意味着，全世界的工人发现自己与他人的竞争加剧。这种竞争与发达国家和发展中国家工资不平等程度的加剧相关，也加剧了人们对贸易和工作质量之间联系的关注。

（4）公司对不道德行为做出回应，即参与以帮助发展中国家贫困农民获得更优惠的价格和更好的市场准入为目的的互惠贸易。

（5）贸易全球化引发了食品安全方面的新型冲突。对食品遭受生物有机体污染的担忧催生了北美和欧洲地区的本地食物运动，该运动抵制远程贸易。

（6）贸易的增长和全球经济的兴起对环境造成的压力越来越大。生产的越多意味着对资源的消耗和利用越多。技术进步和明智的政策能否减缓气候变化的进程？

（7）关于工作质量与环境质量的争端越来越多地通过贸易组织与贸易协定进行博弈。

推荐阅读

- *Environment and Planning A* 和 *Geo Forum Journals*。想要更深入研究本章所讲述各题目的学生，可以阅读以上两个杂志发表的文章。这些杂志更多专注于贸易道德和生态安全性等主题。

- Najam, A., Halle, M., Melendez-Ortiz, R.（eds.）（2007）*Trade and Environment*：*A Resource Book*.International Institute for Sustainable Development, International Center for Trade and Sustainable Development. 该书用非技术性的方式围绕贸易和环境问题进行了一系列的探讨。它提供了许多针对不同国家的案例研究信息，并就政策问题进行了有趣的讨论。

- Werner, M.（2016）*Global Displacements*：*The Making of Uneven Development in the Caribbean*.Wiley-Blackwell, Malden, MA and Oxford, UK. 该书为多米尼加共和国和海地出口加工区受新的世界贸易组织规则驱动对服装生产进行重组的过程，提供了批判性的视角。

参考资料

1. 世界银行 2010 年报告中发表的《发展与气候变化》，讨论了包括环境保护在内的可持续性问题。经济合作与发展组织在其网站有很多部分讨论了贸易与气候变化、贸易与环境以及贸易与生态安全等（www.oecd.org/env/resources/）话题。以上两个组织的环境资料可以在以下网站搜索到：http：//data.worldbank.org/topic/environment 和 www.oecd.org/environment。

2. 贸发会议也关注发展中国家气候变化的影响。2013 年，它发表了一篇关于贸易和环境的评论，题为《趁早醒来：在气候变化的情况下保障粮食安全，让农业真正实现可持续发展》，见 http：//unctad.org/en/PublicationsLibrary/ditcted 2012d3_en.pdf。

3. 国家劳工组织是搜索世界各地劳工权利和劳工争端信息的有

益来源：http：//www.ilo.org。

4.《联合国气候变化框架公约》在其网站为《京都议定书》和排放权交易进一步提供信息：http：//unfccc.int/kyoto_protocol/mechanisms/emissions_trading/items/2731.php。

第七章　结论

国际贸易是一个令人兴奋的领域，涉及许多学科。贸易的影响体现在许多地理尺度上，从全球到地方，从有关气候变化的讨论到国际政治，到关于国家和区域特征的讨论，再到地方对如何谋生的关切。大多数情况下，这些讨论与他们所关注的地理尺度是相互关联的。2015 年的希腊危机和英国退出欧盟（EU）就说明了这种复杂性。2015 年，希腊拖欠国际货币基金组织（IMF）贷款引发了一场欧洲大陆危机，北美和东亚都受到了影响。这场危机引发了国家主权和身份的问题，以及适应外部[①]强制措施的困难。与此同时，希腊银行的暂时关闭对该国的进出口产生了不利影响。当进出希腊的跨境旅行几乎停止时，商店、餐馆和酒店的服务贸易大幅下滑，危机进一步加深。一年后，希腊面临着一种截然不同的、前所未有的流动。这些难民的流动在一定程度上是由一体化的欧洲联盟和跨越边界的相对便利性所促成的，现在却产生了要求加强

① 尤其是国际货币基金组织（IMF）和欧洲央行（ECB）等全球性机构以及另一个国家（这次是德国）。

边境管制的呼声，这种管制可能会限制未来一切形式的国际流动。

2015 年的希腊危机就发生在美国时任总统奥巴马与亚洲就《跨太平洋伙伴关系协定》（TPP）进行“快车道”谈判的一周后，这场谈判在环保人士、劳工组织和公众之间引发了紧张局势（2016 年总统初选辩论就是一个例子）。有意将中国排除在外的跨太平洋伙伴关系倡议，促使中国将目光投向西方，重新审视古老的丝绸之路和亚欧之间的联系，以此将注意力从美国转移开来，或许还能在更近的地方发展更强大的合作伙伴。这当然是新成立的亚洲基础设施投资银行（Asian Infrastructure Investment Bank，简称“亚投行”）的目标之一。亚投行越来越被视为中国在国际货币基金组织和世界银行之外的另一个选择。这些发生在欧洲和太平洋两岸的事件说明了贸易的重要性，以及贸易在指导国家、企业和个人行动方面发挥的中心作用。很少有什么问题能像贸易一样激起政策制定者、政府官员和普通公民的热情。

在本书中，我们一直强调贸易不是一成不变的。世界经济结构在竞争过程中被推翻和重建，贸易的性质已随时间发生了变化。在过去几十年里，跨国公司在这些进程中发挥了主导作用，极大地改变了新兴全球经济组成部分与交易商品类型之间的关系。资本和劳动力的新集中、新市场和新的利润增长点已经出现，而与此同时，已建立的经济活动和增长中心却在下降。伴随这些变化而来的，是新增长极带来的优势与落后之间的新紧张关系。尽管这些紧张局势一度可能被巧妙地映射到国家和工业部门，但如今它们要复杂得多，反映出赢家和输家的格局更加分裂。在本书的最后一章中，我们试图通过对一系列关于新贸易形式的探讨，来阐明资本生产的动力和它所依赖的贸易。

7.1 趋势和方向

7.1.1 能源贸易：以太阳能为例

2015 年初，原油价格大幅下跌至每桶不到 50 美元。在此之前，油价多年来一直超过每桶 100 美元，2008 年达到近 150 美元的峰值。能源是工业化必不可少的投入。随着越来越多的发展中国家加入工业革命，对能源的需求也在增加。自从约翰 · D. 洛克菲勒（John Davison Rockefeller）在 19 世纪建立了一个石油销售帝国以来，石油工业发展突飞猛进，占当今所有国际贸易（包括农业、制造业和服务业）的 1/5。然而，正如第六章所介绍的，温室气体的排放导致全球气候变化，人类已开始寻找替代能源。鉴于化石燃料需要数百万年才能形成并且还会加剧空气污染，因此使用可再生能源具有一定的紧迫性。可再生能源的四种主要来源是水力、风能、太阳能和生物质能。本节将集中讨论太阳能，因为它与本书所介绍的大部分主题更契合。

作为世界上较大的原油生产国，阿尔及利亚、安哥拉、厄瓜多尔、伊朗、伊拉克、科威特、利比亚、尼日利亚、卡塔尔、沙特阿拉伯和委内瑞拉等12个OPEC国家几十年来一直是世界范围内主要的石油出口国。尽管美国页岩油的发现导致石油供应过剩、油价下跌，这种情况可能会发生变化，但是OPEC在国际原油贸易中的作用在短期内不太可能减弱。资源匮乏的东亚工业化国家对石油的争夺，导致油价在21世纪头10年出现飙升。然而，同样的竞争压力迫使许多国家转向发展包括太阳能在内的替代能源来推动经济增长。当然，转向可再生太阳能还有其他激励因素：尽管煤炭在18世纪和19世纪被用来驱动蒸汽机，但内燃机的发明使石油在之后的时期成为更受欢迎的能源。然而，如今与化石燃料有关的技术正在过时，太阳能光伏等可再生能源领域正在萌发新技术。发展可再生能源的趋势也得到了更广泛的认可，即一项可持续发展战略将需要伴随第三次工业革命，而第三次工业革命与新的经济增长部门有关，如通信和生物技术。各国努力降低碳足迹，太阳能已成为东亚产业政策的领跑者。

如表7.1所示，目前太阳能贸易主要由中国、日本、韩国、马来西亚主导。这些都是化石能源相对匮乏的国家。虽然中国有煤，但质量不高。在中国许多城市，煤炭造成了高浓度的颗粒物（如煤烟）和二氧化碳（一种温室气体）的排放。因此，中国政府将太阳能确定为其战略产业之一。同样，德国、日本和韩国也是旨在减少温室气体排放的《京都议定书》（Kyoto Protocol）的签署国。作为对能源有着巨大需求的主要制造业大国，它们也转向发展太阳能来满足国内家庭和工业需求。就日本而言，2011 年福岛核事故促使该国转向太阳能。根据战略贸易理论和产业政策，发展太阳能产业需要政府进行补贴。在东亚国家中，该行业还有望引领技术进步，从而促使这些国家成为世界级的创新者。中国的情况尤其有趣。1990 年，中国并不是世界十大太阳能出口国之一。然而，到 2013 年，中国太阳能产品的贸易额已居世界第一，超过其后四大出口国的总和。同时，中国还进口太阳能产品，以捕捉全球价值链内的产业内贸易。尽管如此，与韩国一样，中国也是少数几个在太阳能产品方面享有贸易顺差的国家之一。从这个意义上说，促进出口的工业化日益与有助于创造动态比较优势的高科技产品联系在一起。

表7.1　1990年和2013年全球十大太阳能贸易国/地区

单位：百万美元

进口商				出口商			
1990 年		2013 年		1990 年		2013 年	
国家 / 地区	规模	国家 / 地区	规模	国家 / 地区	规模	国家 / 地区	规模
德国	188	中国	8994	日本	360	中国	15795
日本	85	日本	7007	德国	151	日本	4726
韩国	44	美国	5791	马来西亚	61	韩国	3791
新加坡	39	中国香港	3891	韩国	57	俄罗斯	3490
加拿大	30	德国	3546	丹麦	27	马来西亚	3288

续表

进口商				出口商			
1990 年		2013 年		1990 年		2013 年	
国家 / 地区	规模	国家 / 地区	规模	国家 / 地区	规模	国家 / 地区	规模
瑞士	25	韩国	3302	加拿大	22	中国香港	2949
马来西亚	16	墨西哥	1463	新加坡	19	美国	2243
西班牙	14	英国	1273	泰国	15	新加坡	1502
巴西	14	荷兰	1149	瑞士	5	菲律宾	1030
墨西哥	11	印度	1069	澳大利亚	3	荷兰	966

资料来源：联合国商品贸易统计数据库。

中国目前在太阳能领域的主导地位得到了国内外直接投资的支持，获得了全球近 35% 的可再生能源投资（Jordan，2013）。在国内，支持的政策是培养一批专注于光伏电池的公司，同时关闭使用过时技术的发电厂。产业政策通过 2006 年的《可再生能源法》（2009 年修订）得以体现，该法规定，国有发电企业必须购买或生产一定比例的可再生能源电力。与此同时，政府为太阳能产业提供财政支持，包括启动 BIPV（光伏建筑一体化）和“金太阳”（Golden Sun）补贴项目。两个项目都获得了预付补贴。例如，政府同意补贴 50%~70% 的太阳能项目和电力传输系统。产业政策可以体现在为光伏应用提供财政援助，例如，指定太阳能光伏建筑，为光伏产品提供税收减免。正如我们在第五章中指出的，由于美国和欧盟对中国光伏进口产品提起反倾销和反贿赂指控，政府大力支持的产业出口遇到了一些麻烦。美欧都指责中国以低于成本的价格倾销太阳能光伏产品，损害了它们自己的制造商。考虑到巨大的中国市场，欧盟各国政府选择了更为友好的解决方案，同意设定最低价格。根据该协议，中国将能够满足欧洲太阳能光伏发电需求的一半。但是美国采取了更为强硬的态度，它对中国大陆生产的太阳能电池板征收高达 78% 的反倾销税，理由是要先发制人，例如，避免中国大陆企业使用中国台湾制造的零部件来规避进口关税。政府的支持也延伸到其他可再生能源。例如，风能必须符合本地含量要求（LCR），即要求从中国供应商处购买一定比例的中间产品。本地含量要求是区域发展的政策工具，因为它试图在外国公司和当地公司之间建立后向联系。

尽管如此，中国仍在推动该行业的发展，而且也并不是唯一这样做的国家。德国、美国和日本都是太阳能产品的主要出口国和进口国，也都通过各种方式支持太阳能产业。其中包括：①为美国高科技公司和消费者税收抵免提供资助的“SunShot 行动计划”；②向安装光伏系统和税收抵免的消费者提供低息贷款（德国）；③为消费者提供安装成本补贴（日本）。总之，这些政策表明，在有管理的贸易中，绿色经济需要政府提供一定程度的援助，因为这个过程涉及大量的研究和开发。随着越来越多的国家将绿色产业政策转向更可持续的全球经济，可再生能源贸易有望增长。

7.1.2 服务贸易

服务贸易在过去20年里有所增长。世贸组织估计，服务贸易目前占全球贸易的20%，服务业就业占全球就业的1/3。服务业涵盖从交通、建筑、卫生、教育、专业服务（法律和会计）到通信、金融、保险、版税和计算机信息服务等多个行业。在通信成本下降的刺激下，银行、物流、咨询和专业公司正在提供跨境服务，推动国际服务贸易的发展。

服务贸易的重要性日益凸显，这一点可以从以下事实中看出：服务贸易目前分别占高收入国家和中等收入国家GDP的72%和53%（Cattaneo et al.，2010）。鉴于美国在商品领域的贸易逆差规模，不应低估服务贸易对美国等国家的重要性。事实上，这里出现了一种相当不寻常的情况：美国在服务业上存在贸易顺差，但日本、中国和德国的情况正好相反，它们在服务业上存在贸易逆差，但在制造业上存在贸易顺差。在七国集团（G7）成员中，法国和英国也加入了美国的行列，在服务贸易方面实现了盈余。这三个经济体的很大一部分服务是通过其在东道国的跨国公司及附属公司进行交易的。金融、会计或法律领域的大型服务提供商往往倾向于与客户面对面的接触。这意味着它们将在国外设立分支机构，为在那里的美国、法国、德国、日本或英国公司提供服务，或为其他外国公司提供服务。最大的服务贸易流动发生在北美和欧洲之间，它们之间的进出口额约占全球服务贸易总额的 1/3。

国际金融已经成为全球经济的重要组成部分，是推动服务贸易发展的重要力量之一。尽管国际贸易和投资促进了当代全球经济的增长，但金融交易带来了爆炸式增长，从亚洲到北美洲再到欧洲，无论是在经济扩张时期，还是在经济周期性低迷时期，金融交易的影响都十分明显。汇丰银行（HSBC）、花旗集团（Citigroup）、摩根大通（JP Morgan）、三菱东京 UFJ 银行（Bank of Tokyo-Mitsubishi UFJ）和德意志银行（Deutsche Bank）等大型跨国银行已在全球设立办事处，为企业提供服务。跨境贸易往往包括资本流动，构成提供服务的一部分。因此，包括信贷、保险和证券交易在内的金融已变得高度可交易。保险和银行业务可以以下列方式进行交易：外国供应商向一个国内的消费者销售服务，或外国公司通过外商直接投资在东道国设立一个子公司并向国内消费者销售服务。与制造业不同，制造业的生产分布更为分散且更趋向于跨地区，而金融服务的出口仍然受到北美洲和欧洲公司的严格控制。这两个地区约有 30 个国家，共占世界服务贸易额的 80%（WTO，2013）。然而，金融贸易也受到监管。监管可能来自许可的要求，或者对所有权和允许活动的控制。因此，这个行业，特别是来自西方的企业，一直在积极推动金融自由化。《贸易和服务总协定》（GATS）于 1995 年生效，其中有一系列旨在进一步放宽金融管制的规则。大多数规则的重点是，给予外国企业更大的市场准入空间。然而，各国政府意识到，与商品贸易不同，有些行业可能需要国家对服务业进行管制。例如，会计师和医生在不同的国家需要不同的执照。尽管如此，世贸组织认识到存在诸如限制劳动力流动或国内垄断通信和运输行业等壁垒。在《服务贸易总协定》的框架下，它已经尝试促进更好的移民管理，不歧视外国公司。但是，由于服务贸易总协定认识到其成员面临公民身份和国内就业问题，上述的义务很难执行。

7.1.3 知识贸易

长期的经济增长和平均收入（人均 GDP）的增长主要取决于技术变革，富国和穷国都是如此。虽然相较不发达国家可以通过将资源从较不发达的部门转移到生产力较高的部门来实现实质性增长，但持续的增长仍然有赖于技术升级。对于发达的工业化经济体来说，知识生产是唯一的“游戏”。虽然关于经济和发展有许多相互竞争的框架，但几乎所有人都同意技术在增长过程中的核心作用。在这里，我们把知识生产理解为新思想的创造，把技术理解为这些思想在经济中的应用。

知识是一种非常特殊的商品。与大多数其他商品不同，知识通常被认为是非竞争性（non-rival）的，即一个公司对知识的使用并不妨碍其他公司使用同样的知识。水是竞争性商品的一个典型例子。当一个消费者喝了一瓶水，那瓶水就无法被其他人喝掉。知识在一定程度上也是非排他性（non-excludable）的。排他性商品是指那些消费仅限于购买人的商品。非排他性商品可以由并未购买该商品的人消费。非竞争性和非排他性的商品通常被称为公共产品。但是如果知识是一种纯粹的公共产品，就没有公司会有动力去开发和研究它。不同种类的知识或知识产权受到专利、版权和商标等形式的保护。专利奖励和鼓励新产品和生产工艺的发明，至少在一段时间内，将利用这些技术获得的收益限制在发明这些技术的人身上。版权保护不同种类的知识，通常是那些产生艺术产品的知识，如电影、书籍或音乐。商标是标识生产商或商家注册的名称或标识。商标常常与产品质量联系在一起，所有者可以从中获得租金。商标被小心地保护起来从而不被模仿。专利、版权和商标的所有者可以在特定的条件下出卖或许可他人使用他们创造的产品。值得注意的是，即使受到知识产权的保护，大多数知识也不能完全排他。书籍和音乐被许多人非法复制和消费，就像名牌产品被廉价的“赝品”模仿一样。同样的，作为竞争过程的一部分，新技术也经常被公司复制。

知识和技术的本质意味着它们可以通过许多不同的方式获得。它们可以直接在我们传统上称为“研发”（R&D）的过程中生产，或者可以在市场上购买。有些公司被授权使用特定技术。例如，制药公司将特定药物的配方出售给其他寻求生产仿制药的公司。然而，其他公司收购的技术体现在市场上交易的商品上。因此，当戴尔销售其中一台包含英特尔制造的中央处理器（CPU）的电脑时，它依赖于英特尔嵌入该 CPU 的技术。对于新兴经济体来说，机械和工具贸易是获取它们自己可能还无法生产的技术的关键手段。这些机器可以直接用于生产其他产品，也可以在逆向工程过程中拆卸，以揭示其所依据的技术。知识生产是非常昂贵和具有风险的，因此逆向工程是研发的明智选择，特别是对于不具备开发复杂产品技术诀窍的发展中经济体（Bell and Pavitt, 1997）。日本和韩国严重依赖逆向工程，以在相对较短的时间内追赶全球科技领先者。现在它们处于技术前沿，就必须更加注意保护它们生产的技术，因为中国和印度等国紧随其后。技术也体现在企业与国家之间的劳动力流动中。当员工特别是有技能的员工，从一个工作岗位转到另一个工作岗位时，他们把在一个公司和行业学到的技能和技术知识带到另一个相似或不同的行业。国家间的学生交流是（贸易）教育体系的一部分，也是劳动力流动和知识获取的典型案例，与“人才流失”和“人才获得”的辩论有关。许多发展中国家的政府把它们的学生送到发达国家的大学去学习新技术。许多这样的学生留在工业化国家，在新技术企业学习和发挥技能，然后返回本国，在新环境中施展他们的技术（Saxenian, 2007）。

关于贸易和技术发展的国际文献侧重于两种主要的知识积累机制。首先，贸易被认为会改变专业化模式，推动各国发展具有更大技术增长潜力的经济部门。在这一框架下，技术升级和生产率提高在很大程度上被视为国内通过不同的学习过程实现的。其次，中间产品的贸易被视为促进增长进程的技术投入的来源。在相关的实证研究中，Coe 和 Helpman（1995）认为，经合组织国家的生产率增长依赖于国内开发的知识存量和一国最重要贸易伙伴开发的知识存量。研究表明，体现在南北贸易中的技术流动对发展中经济体的经济增长具有积极影响（Falvey et al.，2002）。Maskell 和 Malmberg（1999）以及 Jaffe 和 Trajtenberg（1999）研究了可以在空间上移动的知识类型以及地理距离对这些流动的影响。Cohen 和 Levinthal（1990）认为，国家使用外国技术的能力取决于它们对知识的吸收能力（absorptive capacity）、识别商品交易中所包含的技术的能力以及它们是否利用该技术并有效利用该技术的制度设计能力。研究表明，吸收能力还取决于不同类型商品中发现的技术之间的“距离”。因此，国家被视为某些商品的生产力，其产品多样化和升级潜力受到不同种类产品的“技术相关性”的限制。联合国（United Nation，2014b）探讨了发达国家和发展中国家之间的技术差距。

跨国公司是国家间技术转让的主要渠道。国际技术转让的使用费 80% 以上是在跨国公司的子公司与其母公司之间支付的。更大的问题是，跨国公司内部的技术转让是否会溢出到东道国的国内公司？实证研究表明，跨国公司附属公司在同一部门的生产率高于国内公司，而且几乎没有迹象表明有溢出效应（United Nation，2014a）。此外，生产率较高的跨国公司附属公司加强了对国内公司的竞争，迫使许多公司退出市场。这引起了发展中国家的农业部门对粮食安全的严重担忧。一篇密切相关的文献探讨了企业是否通过贸易（如在出口市场上经营）进行学习，但大量的实证表明它们并没有。从事贸易的公司比一般公司的生产率更高，但这些生产率差异通常大于国际活动。与贸易有关的知识产权协议见专栏 7.1。

专栏 7.1　与贸易有关的知识产权协议（TRIPS）

人们普遍认识到知识对经济增长的重要性，因此要求在贸易协定中制定国际规则以保护知识产权。正如第六章所探讨的劳工和环境监管案例一样，保护知识使发达国家和发展中国家之间产生了紧张关系。对于世界上大部分知识生产仍然集中的发达工业化国家来说，知识产权保护被视为保持竞争优势的核心。而在发展中国家，加强此类保护被普遍认为是造成发展赤字的原因之一，因为其限制了教育和技术的获取，尤其是在医疗、农业和粮食生产等敏感领域。Birdsall 等（2005）指出，许多工业化经济体在其自身发展的早期阶段采取了相对薄弱的知识产权保护政策，以鼓励技术能力的提高和扩散。只有当这些国家从技术消费者转变为生产者时，它们才需要更有力的知识产权保护。围绕知识产权的国际辩论的核心问题是，如今新兴经济体是否应该拥有同样的灵活性？ Richards（2005）对这场辩论中的不同论点进行了引人入胜的概述。

1994年，关贸总协定“乌拉圭回合”谈判结束时，达成了《与贸易有关的知识产权协定》(TRIPS)。现在TRIPS由世贸组织进行管理，将知识产权保护纳入全球贸易体系，旨在促进创新的发展和技术在世界各地的传播。发达国家大力推动将TRIPS与世贸组织挂钩，以确保争端按世贸组织的标准来处理。加入世贸组织的一个要求是承认TRIPS。出于TRIPS对发展中国家的影响的担忧，特别是在公共卫生领域的担忧，形成了2001年的《多哈宣言》，即不应阻止特定的民族国家处理公共卫生危机时对特定技术的使用。但是，国内政策调整仍然需要与TRIPS条款保持一致，这被许多人解释为TRIPS是影响广泛和有约束力的。

世贸组织及其发达国家成员曾辩称，TRIPS将加快新技术通过贸易或外商直接投资流向全球较贫穷国家的速度。迄今为止，支持这些主张的证据仍然非常混乱(UNCTAD，2010)。的确，有人指责TRIPS减缓了一些发展中国家仿制药的发展，尽管与艾滋病相关的低成本药物最终获准在撒哈拉以南非洲地区销售。一些跨国公司最近已将其研究和发展业务的一部分转移到少数发展中国家，这也许是为了响应有利于保护知识产权的体制变化。这些变化对发展前景的影响目前仍不清楚。

关于知识生产和技术的地理流动性，还有许多未知之处。什么类型的知识最有价值，这些知识是在哪里产生的，以及产生这些知识的条件是什么？不同形式的知识的流动性如何？贸易在传播知识方面的效率如何？企业和国家如何在世界各地获取知识和技术？这些都是当今经济地理学家、贸易经济学家和相关研究人员最积极讨论的一些问题。

7.1.4 发展中国家贸易（南南贸易）

贸发会议的世界贸易数据显示，2008 年前后，发展中国家之间的出口价值（南南贸易，这里不严格限于南半球的发展中国家）超过了发展中国家对发达国家的出口价值（南北贸易）（见图 7.1）。在过去几十年里，发展中国家经济中消费和生产的增长是显著的。事实上，自 2000 年以来，发展中国家对发达国家的出口增长已经超过了发达国家之间的出口增长。然而，尚不清楚的是，这些变化在多大程度上意味着发展中国家制成品市场的增长，而不是发展中国家在仍然由发达国家主导的、复杂的跨国公司全球价值链和生产网络中所发挥的作用日益增长。

关于发展中国家在全球经济中的确切作用的问题，毫无疑问，全球南方的发展中国家将在未来占据更重要的地位。这一点在《2013 年联合国人类发展报告》（*United Nations Human Development Report of 2013*）中被明确提及，该报告描绘了过去二三十年中，发展中国家的经济增长速度和发展

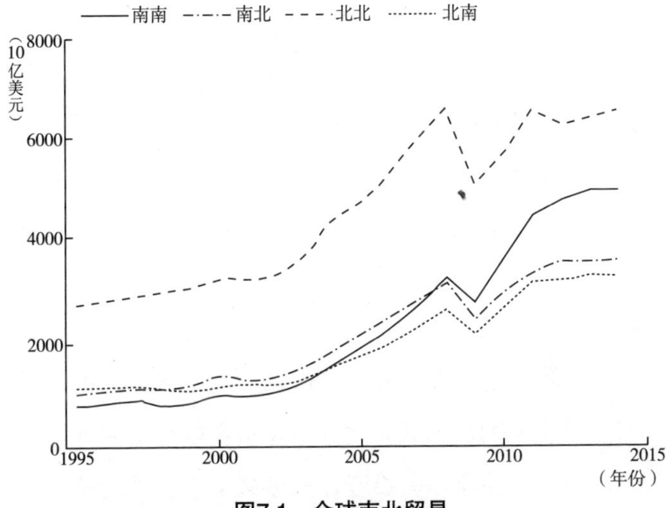

图7.1　全球南北贸易

注：图中数据为出口额，单位以美元当前价计算。

资料来源：贸发会议数据库，http：//unctadstat.unctad.org。

指标的改善（联合国难民署，2013）。诚然，全世界发展中国家数十亿人的生活仍然极其困难，但自20世纪90年代初期以来，联合国调查中几乎所有国家的发展指标都有了显著改善。联合国难民署指出，今天，巴西、中国和印度这三个最大的发展中国家的GDP总和大约相当于加拿大、法国、德国、意大利、英国和美国的GDP总和。1950年，巴西、中国和印度的GDP仅占全球GDP的10%左右，而发达国家的GDP约占全球GDP的一半。2012年，发展中国家的GDP占全球GDP的比例从1990年的35%左右上升到50%左右。这些快速增长至少有一部分与人口结构变化有关。若把每天收入或支出在10~100美元的人口定义为全球中产阶级（按2005年购买力平价计算），据估计，目前全球中产阶级中超过一半的人口生活在发展中国家。到2030年，这一比例预计将上升到80%，其中仅中国和印度就超过了一半。这是一个任何跨国公司都不能忽视的市场。

Horner（2015）认为，这些发展转变提出了一系列有趣的可能性，涉及全球经济中相对稳定的不同部分之间的关系。对一些人来说，新的贸易和外商直接投资领域预示着平等"南南"伙伴关系的出现。Carmody（2011）比较悲观，设想了新殖民主义的新形式，尤其是在争夺全球资源方面。最近，中国和印度在非洲的投资让人想起了形成早期殖民发展形式的权力不对称（McCann，2010）。最后，人们的注意力转向全球价值链和生产网络，它们整合了全球发展中国家的经济活动。Kaplinsky和Farooki（2011）提出了这样一个问题：未来这些网络将如何组织起来？控制它们的主要公司将位于何处？价值链升级的前景将如何在空间上分布？Glassman（2011）质疑全球"南方"竞争国家内部和它们之间的地缘政治如何构建对这些网络的治理。

目前，我们没有足够的信息来冒险对这些问题进行大量猜测。全球经济将如何转型，不同经济体在未来将扮演何种角色，这些在很大程度上都是未知的。或许，一个公平的赌注是，近代史可能不会为未来的经济增长轨迹和国家命运提供太多线索。

7.2 总结

本书试图说明世界贸易日益增长的重要性。我们探索了贸易理论的核心，并将其扩展到新的全球外包模式；研究了不断变化的贸易协定结构和将非贸易条例纳入这些协定的情况。跨国公司对贸易流动的影响以及跨国公司的活动、贸易、增长和发展之间的联系是本书各章节的核心问题。

我们讨论的每个主题都可以很容易地扩展为独立的一本书。我们的目标是为国际贸易以及贸易与全球经济其他核心组成部分之间的联系提供一个容易理解的介绍。

在我们的世界中，贸易的重要性也许是前所未有的。与此同时，贸易数据模糊了各个公司和国家的活动，严重弱化了我们揭示全球经济不同领域贸易影响的能力。谁将从贸易中获利，谁将从贸易中受益，这是一个经久不衰的问题，将继续引发学术界和公众的辩论。在最后一章中，我们重点介绍了一些通常与贸易有关的重要新兴主题。当然，这只是列举部分，但我们仍然希望它能够说明全球经济中贸易的重要性，以及理解构成我们所创造的世界的人、地方和过程之间的联系的重要性。

本章的重点包括以下内容。

（1）随着世界经济结构在竞争进程中被推入和拉入新形式，贸易的性质亦随时间发生了变化。在过去几十年里，跨国公司在这些进程中发挥了主导作用，极大地改变了新兴全球经济不同部分与正在交易的商品类型之间的联系。

（2）伴随这些变化而来的，是新的增长极点带来的优势与落后者之间的新式紧张关系。尽管这些紧张局势一度可能被巧妙地映射到国家和工业部门，但如今它们要复杂得多，反映出赢家和输家更加分裂的格局。

（3）我们提供了四个新贸易形式的例子，说明了国际货物和服务贸易的性质和结构的活力。第一，我们阐明了太阳能作为一项绿色技术的重要性，它已成为许多经济体努力减少环境足迹的核心，政策培育这一新兴产业的作用在领先的太阳能制造商中得到了体现。第二，我们强调服务贸易的增长，特别是金融在推动全球经济新贸易流动和外商直接投资模式方面的作用。第三，我们探讨技术的本质以及知识在世界各地流动的重要性。第四，我们概述了南南贸易或发展中经济体间贸易日益增长的重要性。在过去几十年里，全球南方国家在整个世界经济中的分量急剧增加，而且似乎普遍认可这种格局将继续下去。这一变化将如何改变世界贸易格局以及不同国家集团之间的贸易关系，目前尚不清楚。

推荐阅读

- Saxenian, AnnaLee（2007）*The New Argonauts：Regional Advantage in a Global Economy*.Cambridge，MA：Cambridge University Press.

在这本书中，萨克森宁将一个国家某一地区的优势与跨国人才流动联系起来。她以中国台湾、中国大陆和印度等地的企业家为例，结合他们与硅谷的联系，提出了熟练劳动力流动可以成为地区经济动态发展源泉的观点。

- UNCTAD（2010）*Intellectual Property in the World Trade Organization*.New York：United Nations.

- United Nation（2014b）*Transfer of Technology and Knowledge Sharing for Development*. UNCTAD Current Studies on Science, Technology and Innovation # 8.New York：United Nations.

- United Nation（2013）*United Nations Human Development Report*：*The Rise of the South*.New York：United Nations.

参考资料

1. 有两个令人印象深刻的网站探索了不同国家出口产品的构成以及这些国家技术升级的可能性，即经济复杂性地图集（http：//atlas.cid.harvard.edu/）和经济复杂性观察站（http：//atlas.media.mit.edu/en/）。

2. 此外，请浏览世贸组织与贸易有关的知识产权网站：www.wto.org/english/tratop_e/trips_e/trips_e.htm；联合国南南合作办事处网站：www.google.com/？ gws_rd=ssl#q=global+south。

术语汇编

绝对优势：如一个国家能以最高效率生产一种商品，我们称这个国家在该商品的生产中具备绝对优势。亚当·斯密认为，绝对优势是自由贸易的基础。

吸收能力：公司和国家识别技术机会并有效利用这些机会的能力。

东盟自由贸易协定（AFTA）：由文莱达鲁萨兰国、柬埔寨、印度尼西亚、老挝、马来西亚、缅甸、菲律宾、新加坡、泰国和越南等东南亚国家组建的自由贸易区。

亚太经济合作组织（APEC）：由亚太地区 21 个国家组建的组织，其使命是促成该区域贸易和经济繁荣。

双边主义：两个国家之间的政治、经济、贸易和文化关系。

生物安全：控制生物有机体（如微生物、细菌、病毒）疾病向植物、农产品、牲畜及人类健康传播的监测和预防措施。

总量管制和排放权交易：提供激励措施，鼓励成员方通过减少温室气体（GHG）排放减轻污染的一种市场主导型体系。限额限制某一时期温室气体排放的总量，其成员方可以互相买卖排放额度。

比较优势：比较优势存在于生产商品的机会成本在国家之间存在差异时。即使一个国家在所有商品的生产中相对另一个国家都具备绝对优势，如果这两个国家在生产不同商品的相对效率存在差异，这些国家仍能够从贸易中获利。如果出口具有最高相对效率的商品、进口具有最低相对效率的商品，则国家能从自由贸易中获利。

建构主义：一种制度主义理论，认为泛区域制度的发展是由经济主体的社会互动和经济主体的学习效应所引起的。

中心－边缘：描述了世界经济的等级结构，其中，贸易利益的集中以及随之而来的经济实力位于工业中心。另外，边缘的发展中国家为工业中心生产食品和原材料。工业中心的技术进步帮助其人口维持生计。但是，因发展中国家无法分享中心地区技术进步带来的利益，其只能被边缘化。

反补贴税：为抵消出口国补贴的负面影响而征收的进口税。

货币战：巴西财政部长吉多·曼特加于2010年提出，指国家之间为促进出口而进行的竞争性货币贬值。

关税同盟：一些国家达成的协议，在成员方之间降低贸易壁垒、对来自非成员方的进口商品采取统一的外部关税。

去工业化：各国制造业就业比例的下降。

发展型国家：查尔莫斯·约翰逊（Chalmers Johnson，

1982）创建的一种理论，用于解释日本经济的发展。约翰逊主张，日本战后经济崛起可以用技术官僚的能力和有利于政府和企业合作的游戏规则来解释。

倾销与反倾销：倾销发生于产品出口价格低于该产品在其生产国的销售价格时。反倾销指进口国可能采取的用于抵消某产品倾销的行动（关税）。

动态比较优势：由于工资、投资、资源、人力资本、规模经济和技术进步发生变化，一个国家的比较优势和竞争力随之转化。

生态阴影：高污染产业自高收入经济体向低收入经济体转移。该转移造成的后果是高收入经济体以贫困国家为代价，在维持高消费水平的同时能够保持环境质量。

经济同盟：成员方之间在财政和货币政策等问题上进行经济协调的高度区域一体化，最好的例子是欧盟，货币联盟造就了统一货币。

转口贸易：货物的再出口和转运。例如，大量由中国香港等转口中心进口的货物被储存起来，然后再出口。

环境殖民主义：工业化国家对新兴经济体强加的环境限制。这些限制往往与贸易协定相联系。

环境库兹涅茨曲线：单个国家内环境恶化与人均收入之间的假设关系。处于低水平的人均收入增长和发展导致环境质量的恶化。一旦收入水平达到某个临界点，环境得到更高重视，收入的进一步增加会被认为与环境质量的改善有关。

出口鼓励：一个国家为鼓励其国内公司向世界其他地区出售货物和商品时采取的降低出口歧视（如数量限制）的产业政策。

欧盟委员会：欧盟的执行和管理部门，由各国政府任命的 28 名委员组成，每人有自己的特定服务领域。

欧盟理事会：欧盟的立法部门，由各成员方的国家代表组成。是欧盟制定决策的终点站，由其对政策和条约修订做最终决定。

欧洲议会：由 28 个成员方选举的约 751 名代表组成的议会。该机构协助修订法律，向其他组织任命成员，并控制欧盟预算。

要素价格均等化：即使生产要素（对生产的投入）是固定的，自由贸易不仅导致大宗商品价格在国际市场上价格的收敛，也导致生产用于交易的商品所需要的生产要素价格的收敛。

外国附属公司：跨国公司拥有至少 10% 股权的外国公司。

外商直接投资（FDI）：为控制目的地的增值活动而从一个国家流向另一个国家的资本投资。

自由贸易：指各国在贸易中不采取关税或非关税手段的限制。

自由贸易区（FTA）：由一组国家组成，这些国家同意彼此降低关税和非关税壁垒。这样的协议并不适用于非成员方。

关税及贸易总协定（关贸总协定）：国家（通常称为缔约方）之间为确保有利于不受限制的贸易和投资的环境而签订的协议。

全球商品链：见全球生产网络。

全球生产网络：由于企业的生产活动越来越多地以“任务”的形式出现，它们可能被分解并外包给不同的国家。反过来，空间碎片化刺激了价值交换（参见全球价值链）。这种观点倾向于把公司之间或公司内部的贸易看作支持全球贸易经济的更大网络的一部分。

全球价值链：企业为将产品或服务推向市场而进行的一系列活动。包括设计、生产（例如提供资源或投入、组装组件等）、营销和分销。这一概念意味着，产品或服务随着向其价值链最终用途的完成而移动，其价值也随之增加。

七国集团（G7）：由加拿大、意大利、德国、法国、日本、英国和美国七国组成的强大国家集团。该集团成员方的财政部长定期开会讨论经济问题。

引力模型：引力模型是一个简单的框架，它解释了两个物体（国家）之间相互作用的程度，它是物体质量的正函数，是物体之间距离的反函数，有时被用来预测两国之间的贸易量。

赫克歇尔－俄林模型：一种两国、两种商品和两种投入的贸易模型，经常用于研究贸易对相对要素价格的影响。该模型的核心在于建议各国要集中出口利用其丰富生产要素的商品。通过要素价格均衡和斯托尔珀－萨缪尔森理论解释了该模型中贸易对要素价格的影响。

进口替代：一国用进口替代其出口。这可以作为发展国内商品和制造业的一项工业战略。

产业政策：一个国家采取政策加速发展某一产业，该产业被认为是该国建立制造基地和实现技术赶超的中心产业。这些政策可能涉及政府补贴或其他保护措施。

里昂惕夫悖论：瓦西里·里昂惕夫是一位经济学家，他使用 1947 年的数据对赫克歇尔－俄林（H-O）贸易模型进行了简单的测试。他计算得出，相对于世界其他国家，美国拥有充足的资本，因此美国应该出口资本密集型产品，进口劳动密集型产品。但他发现，美国进口的资本劳动比高于出口的资本劳动比，这似乎与 H-O 框架的规定相矛盾。

本地含量要求：确保生产过程中一定比例的中间产品由国内或本地公司生产的一种政策工具。

土食主义：对当地食物运动的描述。出于对环境和健康的考虑，“土食者”是指那些致力于食用本地种植的食物的人，通常种植在 100 英里以内。

管理贸易：指国际贸易发生在不完全竞争的环境中，因此某些部门，特别是高科技部门的生产者可以获得高于平均水平的利润。为此，应管理贸易（如通过政府援助），使各国不致将其市场输给竞争对手。

重商主义：指商人资本主义，其实践者将贸易和商业视为有助于加强国家实力的价值源泉。历史上，国家权力是通过积累贵金属来实现的。在当代背景下，东亚的重商主义往往与其支持国家权力的巨额外汇储备联系在一起。

南方共同市场：由阿根廷、巴西、巴拉圭（目前暂停）和乌拉圭组成的贸易集团。该集团最近通过了一些规则来实现关税联盟的目标。委内瑞拉正在加入该地区集团。

中等收入陷阱：当一个国家的生产从初级活动转向工业活动、人均收入达到一定水准时，经济徘徊不前的状态。由于工资上涨，缺乏高收入经济体的多样化和先进技术，这些国家往往难以保持竞争力。

多边贸易：在多边贸易体制下，各国将与世界上许多其他国家进行贸易。世界贸易组织负责协调多边贸易协定。

垄断竞争：支撑产业内贸易的一种不完全竞争形式。在这些模型中，公司通过生产相同产品的不同品种来相互竞争。公司对市场价格有一定的控制，它们享受着规模效益的增长。消费者从各个行业提供的更多种类的产品中获益。这些模型通常是为具有类似生产要素和技术的国家之间的贸易增长而开发的。

北美自由贸易协定：即北美自由贸易区，它目前由三个国家组成，即美国、加拿大和墨西哥。

新自由主义：制度分析的一个分支，其理论起源可以追溯到所有经济行动者都是利己主义的假设。由于制度发展语言将理性作为意义制定的一部分，行动者也建立制度来最大化这些自我利益。

新功能主义：这一理论认为，如果各国之间的贸易规模很大，那么通过超国家机构来巩固贸易关系会降低交易成本，带来更大的贸易可预测性。

新贸易理论：建立在垄断竞争基础上的贸易理论的一个分支。根据这一框架，公司在市场上提供稍微不同的商品变体，并对其价格施加一定的控制。递增的规模报酬常常被认为是解释专业化模式的原因。即使在生产要素和技术相对相似的国家之间，贸易也是在这种模式下发生的。

新新贸易理论：一种在新贸易理论之后产生的新贸易模型，它建立在异质公司的概念之上，经常被用来解释国际外包。

非关税壁垒：通过补贴、自愿出口限制和配额等手段限制贸易。

完全竞争：以每个行业中存在大量公司为特征的标准竞争模式。这些公司被认为无法控制市场价格，它们是价格接受者。

普雷比什－辛格的假设：认为随着时间的推移，初级产品的贸易条件相对于制成品将会恶化。

区域主义：在地理研究中，区域主义描述了影响区域组合的关系（局部和外部）。在这里，地理学家关注的是次国家级别的区域组合。在国际贸易学术界，区域主义更多的是指成员方之间的区域一体化。

区域化：指各国在未建立正式关系的情况下增加彼此之间的贸易强度。贸易区域化通常发生在相邻的国家之间。

特殊经济区（SEZs）：一个国家内作为自由贸易区的保护区。这些地区的进口通常面临零关税或边际关税。为了吸引外国跨国公司，常常提供降低关税和其他激励措施（如低公司税）。这些地区生产的大部分产品都销往世界市场。

斯托尔珀－萨缪尔森定理：这个定理通常与赫克歇尔－俄林贸易模型相关联。它指出，当贸易改变商品价格时，它导致集中用于生产价格上涨的商品的要素的实际收入增加，而用于生产价格下跌的商品的要素的实际收入减少。

战略贸易政策：指通过影响企业利润从国外向国内转移而使一国受益的贸易政策。此类政策的一个例子是对面临全球竞争的公司的研发或出口进行补贴。

可持续性：组织社会和经济生活以满足当前的需要，同时保护自然系统的完整性。

关税：通过征收进口税来限制贸易的一种形式。

贸易比率：又称交换比价或贸易比价。是衡量一国获取贸易利益空间大小的重要指标。它通常用一国出口商品价格与进口商品价格之比来表示。

跨国公司：在多个国家拥有或控制增值活动的公司。

跨国指数：衡量跨国公司的活动在其总部所在国以外地区分布程度的一种方法。该指数通常被计算为外国资产与总资产之比、外国销售与国内销售之比以及外国就业与总就业之比的平均值。

世界贸易组织：1995 年成立的管理世界贸易的组织。已认可其规则的成员方（2015 年约 162 个）同意本组织关于多边贸易监管的指导方针。

参考文献

1.Acemoglu，D.S.Johnson，J.Robinson. "The Rise of Europe：Atlantic Trade，Institutional Change and Economic Growth." *American Economic Review* 95（2005）：546–579.

2.Acharya，A. "How Ideas Spread：Whose Norms Matter？Norm Localization and Institutional Change in Asian Regionalism." *International Organization* 58（2004）：239–275.

3.Adewale，A.R. "Does Import–Substitution Industrialization Strategy Hurt Growth？" *African and Asian Studies* 11.3（2012）：288–314.

4.Andersen，S.*The Enforcement of EU Law：The Role of the European Commission*（Oxford：Oxford University Press，2012）.

5.Andressen，M. "The Evolving Quality of Trade between Canada and the United States." *Canadian Geographer* 52.1（2008）：22–37.

6.Autor，D.，D. Dorn and G.Hanson. "The China Syndrom：Local Labor Market Effects of Import Competition in the United States." *American Economic Review* 103（2013）：2121–2168.

7.Baer，M.D. "North American Free Trade." *Foreign Affairs*

70.4（1991）：132–149.

8.Bairoch，P. *Economics and World History*（Chicago：University of Chicago Press，1993）.

9.Balassa，B. *A "Stages" Approach to Comparative Advantage.* Washington，D.C.：International Bank for Reconstruction and Development，1977.

10.Baldwin，R.*Globalization*：*The Great Unbundling*（*s*）（Finland：Economic Council of Finland，2006）.

11.Barefoot，K.*U.S.Multinational Companies*：*Operations of U.S.Parents and Their Foreign Affiliates in 2010.Survey of Current Business*，U.S.Department of Commerce，2012.

12.Barney，J.B. "Firm Resources and Sustained Competitive Advantage." *Journal of Management* 17（1991）：99–120.

13.Barton，J.H.，et al.*The Evolution of the Trade Regime*（Princeton：Princeton University Press，2006）.

14.BBC. "China's Trade Surplus Jumps to $32bn." 12th February，2014.

15.Bell，M. and K. Pavitt. "Technological Accumulation and Industrial Growth：Contrasts between Developed and Developing Countries." 1993.

16.Archibugie，D and J. Michie（eds）.*Technology*，*Globalization and Economic Performance.*（Cambridge：Cambridge University

Press, 1997), pp.83–137.

17.Bernard, A., J. Jensen and P. Schott. "Survival of the Best Fit." *Journal of International Economics* 68 (2006): 219–237.

18.Bhagwati, J. N. "Export–Promoting Trade Strategies: Issues and Evidence." *World Bank Research Observer* 3.1 (1988): 27–57.

19.Birdsall, N., D. Rodrik and A. Subramanian. "How to Help Poor Countries." *Foreign Affairs* 84 (2005): 136–152.

20.Blinder, A. "Offshoring: The Next Industrial Revolution? " *Foreign Affairs* 45 (2006): 113.

21.Borjas, G., R. Freman and L. Katz. "On the Labor Market Effects of Immigration and Trade." in Borjas, G. and am, R.Free eds.*Immigration and the Workforce* (Chicago: Chicago University Press, 1992), pp.2133–2144.

22.Bowen, H.V.*The Business of Empire: The East India Company and Imperial Britain* (Cambridge: Cambridge University Press, 2005).

23.Bowles, P. and B. MacLean. "Understanding Trade Bloc Formation: The Case of the ASEAN Free Trade Area." *Review of International Political Economy* 3.2 (1993): 319–348.

24.Bramall, C. *Chinese Economic Development* (Abingdon: Routledge, 2009).

25.Burtless, G. "Workers' Rights: Labor Standards and

Global Trade." 2001.

26.Carmody, P.*The New Scramble for Africa* (Cambridge: Polity Press, 2011).

27.Cattaneo, O., et al. *Assessing the Potential of Services in Trade in Developing Countries* (Washington, D.C.: World Bank, 2010).

28.CEPAL.*Global Value Chains and World Trade: Prospects and Challenges for Latin America* (Mexico City: Economic Commission for Latin America and the Caribbean, 2014).

29.Chalmers, D., G. Davies and G. Monti.*European Union Law: Cases and Texts* (Cambridge: Cambridge University Press, 2010).

30.Channel News, Asia. "Xi Offers China-Driven 'Asia Pacific Dream'." Singapore, 9 November 2014.

31.Checkel, J. T. "International Institutions and Socialization in Europe: Introduction and Framework." *International Organization* 59 (2005): 801-826.

32.Cini,M. and N. P. Borragan.*European Union Politics* (Oxford: Oxford University Press, 2013).

33.Coarse,R. "The Nature of the Firm." *Economica* 4 (1937): 386-405.

34.Coe, D., E.Helpman. "International R&D Spillovers." *European Economic Review* 39 (1995): 859-887.

35.Coe, N., et al. "Globalizing Regional Development: A Global Networks Perspective." *Transactions of the Institute of British Geographers* 29 (2004): 468–484.

36.Coe, N. M. and H. W. C. Yeung.*Global Production Networks: Theorizing Economic Development in an Interconnected World* (Oxford: Oxford University Press, 2015).

37.Cohen, S. *Multinational Corporations and Foreign Direct Investment: Avoiding Simplicity, Embracing Complexity* (Oxford: Oxford University Press, 2007).

38.Cohen, W. and D. Levinthal. "Absorptive Capacity: A New Perspective on Learning and Innovation." *Administrative Science Quarterly* 35 (1990): 128–152.

39.Courchene, T. J.. "FTA at 15, NAFTA at 10: A Canadian Perspective on North American Integration." *North American Journal of Economics and Finance* 14.3 (2003): 263–285.

40.Cowling, K., P. R. Tomlinson. "The Japanese Model in Retrospect." *Policy Studies* 32 (2011): 569–583.

41.Dauvergne, P. *The Shadows of Consumption: Consequences for the Global Environment* (Cambridge: MIT Press, 2008).

42.Davis, S. and K. Caldeira. "Consumption–Based Accounting of CO2 Emissions." *Proceedings of the National Academy of Sciences*, 2010: 5687–5692.

43.Deardorff, A. V. and R. M. Stern.*Measurement of Non–*

Tariff Barriers（Ann Arbor：University of Michigan Press，1998）.

44.Deardorff，A.V. and R.M. Stern. "What the Public Should Know about Globalization and the World Trade Organization." in Stern，R. M. *Globalization and International Trade Policies*（Singapore：World Scientific，2007），pp.19–52.

45.Decarlo，J. *Fair Trade and How it Works*（New York：Rosen Publishing，2011）.

46.Dicken，P. *Global Shift：Mapping the Changing Contours of the World Economy*（New York：Guilford Press，2015）.

47.Dinda，S. "Environmental Kuzents Curve Hypothesis：A Survey ." *Ecological Economics* 49（2004）：431–455.

48.Doremus，P.，et al. *The Myth of the Global Corporation*（Princeton：Princeton University Press，1998）.

49.Duhigg，C. and K. Bradsher. "How the U.S.Lost Out on iPhone Work." *The New York Times*，21 January 2011.

50.Dunning，J. "Explaining Changing Patterns of International Production：In Defense of the Eclectic Theory." *Oxford Bulletin of Economics and Statistics* 41（1979）：269–296.

51.Economist. "NAFTA at 20：Deeper，Better NAFTA." *Economist*，4 January 2014.

52.Economist. "Standing Up to Steel." 24 June 1999.

53.Economist. "The Hollow Men." 9 June 2012.

54.Elliott，K. and R. Freeman.*Can Labor Standards Improve*

under Globalization (Washington, D.C.: Peterson Institute Press, 2003) .

55.Eurobarometer.*The European Constitution*: *Post–Referendum Survey in the Netherlands* (Brussel:European Commission, 2005) .

56.Falvey, R., N. Foster and D.Greenaway. "North–South Trade, Knowledge Spillovers and Growth." *Journal of Economic Integration* 4 (2002): 650–670.

57.Farre, A. et al. "Commercial Arctic Shipping through the Northeast Passage: Routes, Resources, Governance, Technology and Infrastructure." *Polar Geography* 37 (2014): 298–324.

58.Feenstra, R. and G. Hanson.Global Production Sharing and Rising Inequality: A Survey of Trade and Wages.Washington, D.C.: NBER Working Paper 8372, 2001.

59.Feenstra, R. and G. Hanson. "Globalization, Outsourcing and Wage Inequality." Papers and Proceedings of the 108th Meeting of the American Economic Association, 1996, pp.240–245.

60.Feenstra, R. and G. Hanson. "China Leads in Foreign Direct Investment." Forbes, 5 November 2012.

61.Fujita, M., I. Kuroiwa and S. Kumagai.*The Economics of East Asian Integration* (Cheltenham: Edward Elgar, 2011) .

62.Gereffi, G. and M. Korzeneiwicz eds.*Global Commodity Chains and Global Capitalism* (Westport: Praeger, 1994) .

63.Gereffi, G., J. Humphrey and T. Sturgeon. "The

Governance of Global Value Chains." *Review of International Political Economy* 12（2005）：78–104.

64.Glassman，J. and Y. Choi. "The Chaebol and the U.S. Military Industrial Complex." *Environment and Planning A*46（2014）：1160–1180.

65.Glassman，J. "The Geo–Political Economy of Global Production Networks." *Geography Compass* 5（2011）：154–165.

66.Goldberg，P.，N. Pavcnik. "Distributional Effects of Globalization in Developing Countries." *Journal of Economic Literature* XLV（2007）：39–82.

67.Grossman，G. and E. Rossi–Hansberg. *The Rising of Offshoring：It's not Wine for Cloth Anymore*.Jackson Hole Conference Volume（Kansas City：Federal Reserve Bank，2006）.

68.Gunasegaram,P. "The Problem with Proton." The Star，4 December 2010.

69.Higgins，V. and J. Dibden. "Biosecurity，Trade Liberalization and the（Anti）Politics of Risk Analysis." *Environment and Planning* A43（2011）：393–409.

70.Hinkelman,E.G.*Dictionary of International Trade*（Novata，CA：World Trade Press，2005）.

71.Horner，R. "A New Economic Geography of Trade and Development？" *Territory，Politics and Governance* 4.4（2016）.

72.Houssa，R.，M. Verpoorten. "The Unintended

Consequence of an Export Ban." *World Development* 67 (2015): 138–150.

73.Hymer, S. *The International Operations of National Firms: A Study of Foreign Direct Investment* (Cambridge: MIT Press, 1977).

74.Jaffe, A. and M. Trajtenberg. "International Knowledge Flows: Evidence from Patent Citations." *Economics of Innovation and New Technology* 8 (1999): 105–136.

75.Johnson, C. *MITI and the Japanese Miracle* (Stanford: Stanford University Press, 1982).

76.Jonas, A. E. G. "Regions and Place: Regionalism in Question." *Progress in Human Geography* 36.2 (2012): 263–272.

77.Jordan, P. G. *Solar Energy Markets: An Analysis of the Global Solar Industry* (London: Elsevier, 2013).

78.Kahn, P. *The European Union* (New York: Infobase Publishing, 2008).

79.Kaplinsky, R.and M.Farooki. "What are the Implications for Global Value Chains When the Market Shifts from the North to the South?" *International Journal of Technological Learning* 4 (2011): 13–38.

80.Kemeny, T., D. Rigby and A. Cooke. "Cheap Imports and the Loss of U.S.Manufacturing Jobs." *World Economy* 38(2015): 1555–1573.

81.Keohane, R. *After Hegemony: Cooperation and Discord in the World Political Economy* (Princeton: Princeton University Press, 1984).

82.Kim, S. Y. *Power and the Governance of Global Trade* (Itaca: Cornell University Press, 2010).

83.Klasing, M. and P. Milinois. "Quantifying the Evolution of World Trade, 1870–1949." *Journal of International Economics* 92 (2014): 185–197.

84.Klein, M., C. Moser and D. Urban. "The Contribution of Trade to Wage Inequality: The Role of Skill, Gender and Nationality." Washington, D. C.: NBER Working Paper No 15985, 2010.

85.Kletzer, L.*Imports, Exports and Jobs* (Kalamazoo: Upjohn Institute for Employment, 2002).

86.Kohl, T., A. E. Brouwer. "The Development of Trade Blocs in an Era of Globalization." *Environment and Planning* A46 (2014): 1535–1553.

87.Kraemer, K., G. Linden and J. Dedrick. "Capturing Value in Global Networks: Apple's iPad and iPhone." University of California, Irvine, University of California, Berkeley & Syracue University, 2011.

88.Kravis, I. B. "Trade as a Handmaiden of Growth: Similarities between the Nineteenth and Twentieth Centuries."

Economic Journal 80（1970）：850–872.

89.Krugman，P. "Myth of the Asian Miracle." *Foreign Affairs* 1994：62–78.

90.Krugman，P.，R. N. Cooper and T. N. Srinavasan. "Growing World Trade：Causes and Consequences." Brookings Papers on Economic Activity 26（1995）：327–377.

91.Kwabena，G. B. "Export Instability and Economic Growth." *Economic Development and Cultural Change* 39（1991）：815–828.

92.Laursen，F. "Introduction：Overview of the Constitutional Treaty and Element of the Treaty." in Laursen，F. *The Rise and Fall of the EU's Constitutional Treaty*（Leiden：Martinus–Nijhoff Publisher，2008），pp.1–25.

93.Lawrence，R. and M. Slaughter. "Trade and U.S. Wages：Great Sucking Sound or Small Hiccup？" Brooking Papers on Economic Activity，Macroeconomics.Washington，D.C.：Brookings Institution，1993.

94.Lawrence，R. Z. "Japan's Different Trade Regime：An Analysis with Particular Reference to Keiretsu." *Journal of Economic Perspectives* 7（1993）：3–19.

95.Leontief，W. "Domestic Production and Foreign Trade：the American Capital Position Re–Examined." Proceedings of the American Philosophical Society 97.4（1953）：332–349.

96.Lim, C. P. "Heavy Industrialization: A Second Round of Import–Substitution." in Jomo, K. S. ed. *Japan and Malaysian Development* (London: Routledge, 2001), pp.244–260.

97.Lockard, C. *Southeast Asia in World History* (New York: Oxford University Press, 2009).

98.Maddison, A. *The World Economy: A Millennial Perspective* (Paris: OECD, 2006).

99.Mantzavinos, C., D. C. North and S.Shariq. "Learning, Institutions and Economic Performance." *Perspectives in Politics* 2 (2004): 75–84.

100.Marx, K. *Capital* 3 Volumes (New York: International Publishers, 1867).

101.Maskell, P. and A. Malmberg. "The Competitiveness of Firms and Regions." *European Urban and Regional Studies* 6 (1999): 9–25.

102.McCann, G. "Ties that Bind or Binds That Tie ?" *Review of African Political Economy* (2010): 465–482.

103.McCormick, J. *Understanding the European Union: A Concise Introduction* (Basingstoke: Palgrave–MacMillan, 2014).

104.Mijiyawa, A.G. "Africa's Recent Economic Growth: What are the Contributing Factors ?" *African Development Review* 25 (2013): 289–302.

105.Mokyr, J. *The Gifts of Athena* (Princeton: Princeton

University Press, 2002).

106.Mosley, L. and S. Uno. "Racing to the Bottom or Climbing to the Top? Economic Globalization and Collective Labor Rights." *Comparative Political Studies* 40 (2007): 923–948.

107.Najam, A., M. Halle and L.Melendez–Ortiz (eds). *Trade and Environment: A Resource Book*, 2007.

108.Navin, M.C. "Local Food and International Ethics." *Journal of Agricultural and Environmental Ethics* 27 (2014): 349–368.

109.Nolan, P. "China and the Global Business Revolution." *Cambridge Journal of Economics* 26 (2002): 119–137.

110.Ohmae, K.*The Borderless World* (New York: Free Press, 1990).

111.North, D.C.*Institutions, Institutional Change and Economic Performance* (Cambridge: Cambridge University Press, 1990).

112.Pan, C. "What is Chinese about Chinese Businesses?" *Journal of Contemporary China* 18 (2009): 7–25.

113.Peck, J. *Workplace: The Social Regulation of Labor Markets* (New York: Guilford Press, 1996).

114.Pena, C. and R. Rozemberg. "MERCOSUR: A Different Approach to Institutional Development." Ottawa: Focal Policy Paper 05–06, 2005.

115.Pollan, M. *The Omnivore' s Dilemma: A Natural History of Four Meals* (New York: Penguin, 2006).

116.Poon, J. P. H. "Exports, Economic Growth and Development Levels Re-Visited." *Journal of Economic Development* 20 (1995): 75-90.

117.Poon, J. P. H. "The Cosmopolitanization of Trade Regions: Global Trends and Implications, 1965-1990." *Economic Geography* 73.4 (2008): 288-302.

118.Poon, J. P. H., E. Thompson and P. Kelly. "Myth of the Triad? Geography of Trade and Investment Blocs." *Transactions of the Institute of British Geographer* 25 (2000): 427-444.

119.Prebisch, R. "The Economic Development of Latin America and Its Principal Problems." *Economic Bulletin for Latin America* 7 (1950): 1-22.

120.Reid, A. *Southeast Asia in the Age of Commerce, 1450-1680* (New Haven, CT.: Yale University Press, 1988).

121.Ricardo, D.*On the Principle of Political Economy and Taxation* (London: John-Murray, 1817).

122.Richards, D. "Trade-Related Intellectual Property Rights." *Review of International Political Economy* 12 (2005): 535-551.

123.Rigby, D.and S.Breau. "Impacts of Trade on Wage Inequality in Los Angeles." *Annals of the Association of American*

Geographers 98 (2008): 920–940.

124.Ruggie, G.*Constructing the World Polity: Essays on International Institutions* (Abingdon: Routledge, 1998).

125.Salem, S. and F. Rozental. "Labor Standards and Trade: A Review of Recent Empirical Evidence." *Journal of International Commerce and Economics* 4.2 (2012): 63–98.

126.Saxenian, A. *The New Argonauts: Reginal Advantage in a Global Economy* (Cambridge: Cambridge University Press, 2007).

127.Selznick, P. "Institutionalism 'Old' and 'New'." *Administrative Science Quarterly* 41 (1996): 270–277.

128.Sheppard, E. "Constructing Free Trade: from Manchester Boosterism to Global Management." *Transactions of the Institute of British Geographers* 30.2 (2005): 151–172.

129.Sheridan, B. J. "Manufacturing Exports and Growth: When is a Developing Country Ready to Transition from Primary Exports to Manufacturing Exports?" *Journal of Macroeconomics* 42 (2014): 1–13.

130.Singer, H. "Terms of Trade and Economic Development." in Eatwell, J., Milgate, M., Newman, P. eds.*The New Palgrave Dictionary of Economics* (London: MacMillan, 1987).

131.Smith, A. *An Inquiry into the Nature and Causes of the Wealth of Nations* (London: Strahan and Cadell, 1776).

132.Soble, J. "Failure of Obama's Trade Deal Could Hurt US Influence in Asia." *New York Times* (2015).

133.Soo, Y. K. *Power and the Governance of Global Trade: From GATT to WTO* (Ithaca: Cornell University Press, 2010).

134.Stanwick, P.and S.Stanwick.*Understanding Business Ethics* (Thousand Oaks: Sage, 2016).

135.Stiles, K. "Negotiating Institutional Reform: The Uruguay Round, the GATT and the WTO." *Global Governance* 2 (1996): 119–148.

136.Sturgeon, T. "How Do We Define Value Chains and Production Networks ?" *Institute of Development Studies Bulletin* 32 (2001): 9–18.

137.Tinbergen, J. *Shaping the World Economy* (New York: Twentieth Century Fund, 1962).

138.TNS Opinion & Social.*International Trade*.Eurobarometer 357.Brussels: European Commission, 2010.

139.Trindale, V. "The Big Push, Industrialization and International Trade: The Role of Exports." *Journal of Development Economics* 78 (2005): 22–48.

140.Tyson, L. D. *Who's Bashing Whom ? Trade Conflict in High-Technology Industries* (Washington, D.C.: Institute for International Economics, 1992).

141.UNCTAD.*Intellectual Property in the World Trade*

Organization (New York: United Nations, 2010) .

142.UNCTAD.*Commodities at a Glance* (Geneva: United Nations, 2011) .

143.UNCTAD.*Global Value Chains, Investment and Trade for Development* (Geneva: United Nation, 2013a) .

144.UNCTAD.*Economic Development in Africa Report*. (Geneva: United Nation, 2013b) .

145.UNCTAD. "Studies in Technology Transfer." in *UNCTAD Current Studies on Science, Technology and Innovation* (Geneva: United Nation, 2014a) .

146.UNCTAD. "Transfer of Technology and Knowledge Sharing for Development." in *UNCTAD Current Studies on Science, Technology and Innovation* (Geneva: United Nations, 2014b) .

147.UNCTAD.*World Investment Report 2004: The Shift towards Services* (Geneva: United Nations, 2004) .

148.UNCTAD.*World Investment Report 2015* (Geneva: United Nations, 2015) .

149.UNCTAD.*World Investment Report: Transnational Corporations, Agricultural Production and Development* (New York: United Nations, 2009) .

150.UNCTAD.*World Investment Report: Transnational Corporations, Market Structure and Competition* (New York:

United Nations，1997）.

151.UNCTAD. *United Nations Human Development Report: The Rise of the South*（New York：United Nations，2013）.

152.Verhoogen，E. "Trade，Quality Upgrading and Wage Inequality in the Mexican Manufacturing Sector." *Quarterly Journal of Economics* 132（2008）：489–531.

153.Villarreal，M.A.and I.F.Fergusson. "NAFTA at 20: Overview and Trade Effects." *CRS Report.Library of Congress*，2014.

154.Wallerstein，I. *World–Systems Analysis：An Introduction*（Durham：Duke University Press，2004）.

155.Want China Times. "Henan Considers How to Cut Reliance on Foxconn for its Exports." *Want China Times* 26th October 2013.（Accessed 20th August 2014）.

156.Watson，W. G. "North American Free Trade：Lessons from the Trade Data." *Canadian Public Policy* 18.1（1992）：1–12.

157.Werner，M. *Global Displacements：The Making of Uneven Development in the Caribbean*（Oxford：Wiley–Blackwell，2016）.

158.Wilkins，M. "The History of Multinational Enterprise." in Rugman，A. & Brewer，T. eds. *Oxford Handbook of International Business*（Oxford：Oxford University Press，2001）.

159.Williamson，J. G. *Trade and Poverty：When the Third World Fell Behind*（Cambridge：MIT Press，2011）.

160.Wood，A. "How Trade Hurt Unskilled Workers." *Journal*

of Economic Perspectives 9（1995）：57–80.

161.World Bank. *Special Economic Zone：Performance，Lessons Learned and Implications for Zone Development*（Washington D.C.：World Bank，2008）.

162.World Bank.*The East Asian Miracle*（Washington，D.C.：Oxford University Press，1993）.

163.WTO.*International Trade Statistics*.Geneva，2013.

164.WTO.*World Trade Report 2008：Trade in a Globalizing World*. Geneva：World Trade Organization，2008.

165.Wunderlich，J. "The EU an Actor Sui Generis？A Comparison of EU and ASEAN Actorness." *Journal of Common Market Studies* 50（4）（2012）：653–669.

166.Xing，Y. and N. Detert. *How the IPhone Widens the United States Trade Deficit with the People's Republic of China*. Working Paper #257.Manila：Asian Development Bank，2010.

167.Yeung，H. W. C. *Strategic Coupling：East Asian Industrial Transformation in The New Global Economy*（Ithaca：Cornell University Press，2016）.

168.Yonekura，S.and S.McKinney. "Innovative Multinational Firms：Japan as a Case Study." in Chandler，A.& Mazlish，B.（eds）.*Leviathans：Multinational Corporation and the New Global History*（Cambridge：Cambridge University Press，2005）.

169.Yoshimatsu，H. "US-East Asian Trade Friction：Exit and Voice in the Steel Trade Regime." *Asian Affairs* 30（2003）：200-217.

图书在版编目 (CIP) 数据

解读国际贸易：得与失？ / (美) 方碧云 (Jessie Poon), (美) 戴维 · 罗宾 (David L.Rigby) 著; 杨宇, 李小云译. -- 北京：社会科学文献出版社, 2021.5

书名原文: International Trade：The Basics

ISBN 978-7-5201-6529-7

Ⅰ. ①解… Ⅱ. ①方… ②戴… ③杨… ④李… Ⅲ. ①国际贸易 - 研究 Ⅳ. ①F74

中国版本图书馆CIP数据核字（2020）第062197号

解读国际贸易：得与失？

著　　者 / ［美］方碧云（Jessie Poon）［美］戴维 · 罗宾（David L.Rigby）
译　　者 / 杨　宇　李小云

出 版 人 / 王利民
责任编辑 / 关少华

出　　版 / 社会科学文献出版社 · 经济与管理分社（010）59367226
地址：北京市北三环中路甲29号院华龙大厦　邮编：100029
网址：www.ssap.com.cn
发　　行 / 市场营销中心（010）59367081　59367083
印　　装 / 三河市东方印刷有限公司

规　　格 / 开 本：889mm×1194mm 1/32
印 张：8.625　字 数：165千字
版　　次 / 2021年5月第1版　2021年5月第1次印刷
书　　号 / ISBN 978-7-5201-6529-7
著作权合同登记号 / 图字01-2019-1977号
定　　价 / 68.00元